別冊 NBL / No.184

船荷証券に関する規定等の見直しに関する中間試案

商事法務　編

 株式会社　商事法務

NBL

は し が き

　法務大臣の諮問機関である法制審議会の商法（船荷証券等関係）部会（部会長：藤田友敬・東京大学大学院法学政治学研究科教授）では、令和4年4月から、船荷証券の電子化等に向けた商法等の見直しに関する調査審議が行われている。

　同部会は、令和5年3月8日に開催された第8回会議において、「船荷証券に関する規定等の見直しに関する中間試案」を取りまとめた。この中間試案は、令和5年3月31日、事務当局である法務省民事局参事官室の文責において作成された「船荷証券に関する規定等の見直しに関する中間試案の補足説明」とともに公表され、広く国民一般からの意見を募集するため、同年5月12日までの間、パブリックコメントの手続が実施されている。

　そこで、本書では、公表されたこれらの「船荷証券に関する規定等の見直しに関する中間試案」等を、同中間試案の概要の紹介とともに一冊にまとめることとした。これに加え、南健悟・日本大学法学部教授「イギリス法における電子船荷証券に係る論点とLaw Commission の立場」を収載している。

　本書が、上記中間試案の内容をより多くの方に御理解いただく契機の一つとなれば幸いである。

　令和5年4月

　　　　　　　　　　　　　　　　　　　　　　　　　　商事法務

「船荷証券に関する規定等の見直しに関する中間試案」について

編集部

第1 中間試案の公表に至る経緯

　法務大臣の諮問機関である法制審議会に設置された商法（船荷証券等関係）部会（部会長：藤田友敬・東京大学大学院法学政治学研究科教授）は、令和4年4月に船荷証券の電子化等に向けた商法等の見直しに関する調査審議を開始し、令和5年3月8日の第8回会議において、「船荷証券に関する規定等の見直しに関する中間試案」（以下「中間試案」という）を取りまとめた。これを受けて、事務当局である法務省民事局参事官室は、同月31日、中間試案につきパブリック・コメントの手続を実施し、関係各界に対して意見照会を行っている。

第2 中間試案の概要

1 全体の構成等

　中間試案は、2部構成となっており、第1部においては、船荷証券に関する規定の見直しが検討されており、第2部においては、その他の商法上の規定の見直し、具体的には、海上運送状に関する規定の見直し（中間試案第2部第1）、複合運送証券に関する規定の見直し（中間試案第2部第2）、倉荷証券に関する規定の見直し（中間試案第2部第3）が検討されている。

　第1部の船荷証券に関する規定の見直しにおいては、電子化された船荷証券の名称（中間試案第1部第1）、電子船荷証券記録を発行する場面の規律等（中間試案第1部第2）、電子船荷証券記録の技術的要件（中間試案第1部第3）、電子船荷証券記録と船荷証券の転換（中間試案第1部第4）、電子船荷証券記録の類型及び譲渡等の方式（中間試案第1部第5）、電子船荷証券記録の効力等に関する規律の内容（中間試案第1部第6）、電子船荷証券記録を支配する者に対する強制執行に関する規律の内容（中間試案第1部第7）につ

いて、順に検討されている。

2 電子化された船荷証券の名称（中間試案第1部第1）

今回の法改正で実現しようとする電子化された船荷証券の法律上の名称について、「電子船荷証券記録」とすることが示されている（中間試案第1部第1）。

3 電子船荷証券記録を発行する場面の規律等（中間試案第1部第2）

電子船荷証券記録を発行する場面の規律について、商法第757条に相当する規律を置くことが検討されている（中間試案第1部第2の1）。

その検討に当たっては、まず、運送人又は船長に電子船荷証券記録の発行義務を負わせるか否かが問題となるが、運送人等に発行義務までは認めずに、運送人又は船長が荷送人又は傭船者の承諾を得て電子船荷証券記録を発行することができるものとされている。その上で、荷送人又は傭船者の承諾の方法については、特定の方式を要求することはしないものとされ、荷受人の承諾についても必要ないものとされている。

次に、受取船荷証券に相当する電子船荷証券記録（以下「受取電子船荷証券記録」という）及び船積船荷証券に相当する電子船荷証券記録（以下「船積電子船荷証券記録」という）に関する規律を設けることとされているが、受取電子船荷証券記録が既に発行されている場合における規律については、荷送人又は傭船者は、船積電子船荷証券記録の発行を請求する権利まではなく、紙の船積船荷証券の交付を請求する権利があるとする甲案と、荷送人又は傭船者は、船積電子船荷証券記録の発行を請求する権利はあるが、紙の船積船荷証券の交付を請求する権利はないとする乙案が示されている。

電子船荷証券記録の記録事項については、商法第758条第1項と同様の規律を設けることが示されている（中間試案第1部第2の2）。もっとも、電子船荷証券記録については、紛失等は想定し難く、複数の原本が流通する可能性があることにより、かえって法律関係が複雑になり、取引の安全が害される危険があることから、複数通発行を認めることは相当ではないものと考えられ、そのような考え方を前提として、複数通発行に関する事項は電子船荷証券記録の法定記録事項から除外されている。

また、電子船荷証券記録に関連する新たな概念として、「電子船荷証券記録の支配」、「電子船荷証券記録の発行」、「電子船荷証券記録の支配の移転」を創設することが示されている（中間試案第1部第2の3）。このうち、「電子船荷証券記録の発行」については、「電子船荷証券記録を作成し、当該電子船荷証券記録の支配が荷送人又は傭船者に〔排他的に〕属することとなる措置」と定義し（中間試案第1部第2の3(2)）、「電子船荷証券記録の支配の移転」については、「電子船荷証券記録の支配を他の者に移転する措置であって、当該他の者に当該電子船荷証券記録の支配が〔移転／排他的に属〕した時点で、当該電子船荷証券記録の支配を移転した者が当該電子船荷証券記録の支配を失うもの」と定義することが示されている（中間試案第1部第2の3(3)）。これに対し、「電子船

荷証券記録の支配」については、「当該電子船荷証券記録を〔排他的に〕利用することができる状態」と定義する甲案と、法律上の定義は設けないこととする乙案が示されている（中間試案第1部第2の3(1)）。

4　電子船荷証券記録の技術的要件（中間試案第1部第3）

部会においては、船荷証券が国際海上運送に用いられるものであることから、国際的な調和がとれる内容にするため、UNCITRAL（国連国際商取引法委員会）のMLETR（電子的移転可能記録モデル法）に準拠するように検討が進められている。そのような観点から、MLETRが定める電磁的記録の要件に相当するものを電子船荷証券記録の技術的要件とすることが示されている（中間試案第1部第3の1）。具体的には、①電子船荷証券記録上の権利を有することを証する唯一の記録として特定されたものであること、②電子船荷証券記録の支配をすることができるものであって、その支配をする者を特定することができるものであること、③電子船荷証券記録の支配の移転をすることができるものであること、④通信、保存及び表示の通常の過程において生ずる変更を除き、電子船荷証券記録に記録された情報を保存することができるものであることが、電子船荷証券記録が備えるべき基本的な性質として示されている。

また、それ以外の一般的な信頼性については、それを要件として明示的に定めることはしないという甲案、電子船荷証券記録の有効要件として明示的に定めるという乙案、電子船荷証券記録の有効要件としては定めないが、一般的な信頼性を備えることを関係者の義務として定める、又は訓示規定として定めるという丙案が示されている（中間試案第1部第3の2）。

さらに、電子船荷証券記録の発行の要件として、電子署名及び認証業務に関する法律第2条の規定と同様の電子署名を必要とする考え方が示されている（中間試案第1部第3の3）。

5　電子船荷証券記録と船荷証券の転換（中間試案第1部第4）

(1)船荷証券から電子船荷証券記録への転換（中間試案第1部第4の1）、(2)電子船荷証券記録から船荷証券への転換（中間試案第1部第4の2）に関する規律が示されている。

両者に共通する問題点としては、転換後の電子船荷証券記録又は船荷証券に記録又は記載すべき事項をどのようなものとするかという問題がある。転換後の電子船荷証券記録又は船荷証券に記録又は記載すべき事項としては、次の4つ、すなわち、①商法第758条第1項各号に掲げる事項（同項第11号に掲げる事項を除く）に関して転換前の媒体と同一の内容、②転換前の媒体に代えて交付又は発行されたものであること、③転換前の媒体に代えて交付又は発行を受けた者の氏名又は名称、④転換前の媒体が記名式であって裏書又は電子裏書を禁止するものである場合にあってはその旨、が考えられるところ、その全部又は一部（一部とする場合には、例えば、①のみとする、①及び②とする、

①及び④とするといったように、複数の考え方がある）とするＡ案のほか、単に転換前の媒体と同一の内容とするＢ案が示されている。

(2)電子船荷証券記録から船荷証券への転換に関する規律における問題点としては、紙の船荷証券への転換請求権を認めないという甲案、これを認めるという乙案が示されている。

6　電子船荷証券記録の類型及び譲渡等の方式（中間試案第1部第5）

有価証券には、指図証券、記名式所持人払証券、その他の記名証券、無記名証券という類型が存在するところ、船荷証券についても同様の類型が存在し得ることを前提に、電子船荷証券記録についても、これらの類型の存在を前提に、類型ごとに譲渡等の方式を規律することが示されている（中間試案第1部第5）。

具体的には、

(1)　指図証券型の船荷証券に相当する電子船荷証券記録については、「交付」に相当する「支配の移転」に加えて、「裏書」に相当する「電子裏書」をその権利の譲渡等に係る効力発生要件として規律することとした上で、白地式裏書に相当する規律を設けることとし（中間試案第1部第5①、④、⑤、⑥及び⑦）、

(2)　記名式所持人払証券型及び無記名証券型の船荷証券に相当する電子船荷証券記録については、それぞれ、「交付」に相当する「支配の移転」をその権利の譲渡等に係る効力発生要件として規律することとし（中間試案第1部第5②）、

(3)　その他の記名証券型の船荷証券に相当する電子船荷証券記録上の権利の譲渡又はこれを目的とする質権の設定については、債権の譲渡又はこれを目的とする質権の設定に関する方式に従い、かつ、その効力をもってのみすることができるものとすることが示されている（中間試案第1部第5③）。

7　電子船荷証券記録の効力等に関する規律の内容（中間試案第1部第6）

電子船荷証券記録の効力等に関する規律の在り方に関しては、

(1)　「電子船荷証券記録は、船荷証券と同一の効力を有する。」といったように電子船荷証券記録が船荷証券と同一の効力を有する旨の抽象的な規定を設けつつ、「電子船荷証券記録を発行したときは、船荷証券を作成及び交付したものとみなす。」といった規定を設けることで、私法上の法律関係において、両者の機能的同等性を実現しようとする甲案、

(2)　船荷証券に適用される商法及び民法の主要な規定についての包括的な準用規定を設けつつ、読替規定を置くという乙案、

(3)　船荷証券に適用される規定のうち電子船荷証券記録に適用すべきものについて、個別的に書き下すという丙案、

(4)　船荷証券に適用される商法の規定のうち電子船荷証券記録に適用すべきものにつ

いては、当該規定の中に電子船荷証券記録を組み込むこととしつつ、紙の船荷証券に適用される民法の規定のうち電子船荷証券記録に適用すべきものについては、包括的な準用規定を設けつつ、読替規定を置くという丁案

が示されている（中間試案第1部第6の1）。いずれの考え方を採用するかによって電子船荷証券記録に関する実質的な規律が変わるものではないが、MLETRとの親和性等の観点から検討がされている。

　また、船荷証券に適用される商法及び民法の規定について、具体的な規律の内容が逐条的に示されている（中間試案第1部第6の2）。詳細については、中間試案及びその補足説明を参照していただきたいが、主要なものを挙げると、まず、商法第764条に相当する規律において、「引渡し」に相当する概念として「電子船荷証券記録の支配の移転又は消去その他当該電子船荷証券記録の利用及び支配の移転をすることができないようにする措置」が示されている（中間試案第1部第6の2(6)）。次に、民法第520条の9に相当する規定については、同条の規定が船荷証券にも適用されることを前提に、同条に相当する規律を設けることが示されている（中間試案第1部第6の2(15)）。

8　電子船荷証券記録を支配する者に対する強制執行に関する規律の内容（中間試案第1部第7）

　電子船荷証券記録が発行されている場合における運送品の引渡しに係る債権は、民事執行法第143条の「動産執行の目的となる有価証券が発行されている債権」には該当しないこととなるため、特段の規律を設けない限り、債権執行の対象となるものと考えられる。もっとも、電子船荷証券記録は、同法第148条第1項の「証書」には当たらないものと考えられるため、債務者に電子船荷証券記録の支配の移転義務はないこととなる。その結果、電子船荷証券記録が発行されている場合に運送品の引渡しに係る債権が差し押さえられると、運送人は、債務者への弁済を禁止されることになるため（同法第145条第1項）、債務者が電子船荷証券記録を支配していてもその債務者に運送品を引き渡すことができないこととなる一方で、運送品の引渡しを請求しようとする者は、電子船荷証券記録の支配の移転と引換えでなければ運送品の引渡しを請求することができないということとなり、運送品の引渡しに関する法律関係が不明確になるおそれがある。これを解消することの要否及び方法をどのように考えるのかという観点から、

(1)　運送品の引渡しに係る債権が強制執行等の対象となった場合には、電子船荷証券記録の効力が失われるものとすることなどにより、強制執行の手続等を優先させようとするという甲案、

(2)　電子船荷証券記録が発行されている場合には、運送品の引渡しに係る債権については強制執行等の対象とはならないものとした上で、①電子船荷証券記録を支配する者に電子船荷証券記録から紙の船荷証券への転換請求権を認めること（上記5の乙案）を前提に、電子船荷証券記録を支配する者の債権者が自己の債権を保全するためにこれを代位行使する手段を確保するか、②電子船荷証券記録を使用、収益又

は処分する権利に対する強制執行がされた場合には、債権者は、当該電子船荷証券記録を支配する債務者に対し、その支配の移転を自己に対してすることを求めることができるものとするという乙案、

(3) 運送品の引渡しに係る債権に対する強制執行がされた場合には、債権者は、当該電子船荷証券記録を支配する債務者に対し、その支配の移転を自己に対してすることを求めることができるものとするという丙案、

(4) 特別の規律を設けないものとするという丁案

が示されている（中間試案第1部第7）。

9　海上運送状に関する規定の見直し（中間試案第2部第1）

海上運送状の交付に代えて海上運送状に記載すべき事項を電磁的方法により提供する場合には、法務省令で定めるところにより、荷送人又は傭船者の承諾を得るものとされており（商法第770条第3項）、その委任を受けた商法施行規則第12条第1項に承諾の方法が定められているが、電子船荷証券記録を発行する際の荷送人又は傭船者の承諾の方法については、特定の方式を要求することはしないものとすることが提案されていること（上記3）を踏まえ、海上運送状の交付に代えて海上運送状に記載すべき事項を電磁的方法により提供する際の荷送人又は傭船者の承諾についても、特定の方式を要求しないものとすることが示されている（中間試案第2部第1）。

10　複合運送証券に関する規定の見直し（中間試案第2部第2）

電子船荷証券記録と同様に、電子化された複合運送証券について、商法第769条に相当する規律を設けることが示されている（中間試案第2部第2）。

11　倉荷証券に関する規定の見直し（中間試案第2部第3）

倉荷証券について、電子船荷証券記録と同様の内容でその電子化を検討するという方向性が示されている（中間試案第2部第3）。

船荷証券に関する規定等の見直しに関する中間試案

＜目次＞

第1部　船荷証券に関する規定の見直し

第1　電子化された船荷証券の名称
　　今回の法改正で実現しようとする電子化された船荷証券の法律上の名称を「電子船荷証券記録」とする。

第2　電子船荷証券記録を発行する場面の規律等
　　1　電子船荷証券記録を発行する場面の規律
　　【甲案】
　　①　運送人又は船長は、船積船荷証券又は受取船荷証券の交付に代えて、荷送人又は傭船者の承諾を得て、船積みがあった旨を記録した電子船荷証券記録（以下「船積電子船荷証券記録」という。）又は受取があった旨を記録した電子船荷証券記録（以下「受取電子船荷証券記録」という。）を荷送人又は傭船者に発行することができる。
　　②　受取船荷証券の発行に代えて受取電子船荷証券記録が発行された場合には、当該受取電子船荷証券記録の支配の移転又は消去その他当該受取電子船荷証券記録の利用及び支配の移転をすることができないようにする措置と引換えでなければ、船積船荷証券の交付を請求することができない。
　　③　運送人又は船長は、第1項の規定により電子船荷証券記録を発行したときは、船荷証券を交付したものとみなす。
　　④　前3項の規定は、運送品について現に海上運送状が交付されているときは、適用しない。
　　⑤　後記2②の規定を設ける。

> 後記2②
> 　受取電子船荷証券記録の支配の移転又は消去その他当該受取電子船荷証券記録の利用及び支配の移転をすることができないようにする措置と引換えに船積船荷証券の交付の請求があったときは、その受取電子船荷証券記録に船積みがあった旨を記録して、船積船荷証券の作成に代えることができる。この場合においては、商法第758条第1項第7号及び第8号に掲げる事項をも記録しなければならない。

　　【乙案】
　　①　運送人又は船長は、船積船荷証券又は受取船荷証券の交付に代えて、荷送人又は傭船者の承諾を得て、船積みがあった旨を記録した電子船荷証券記録（以下「船積電子船荷証券記録」という。）又は受取があった旨を記録した電子船荷証券記録（以下「受取電子船荷証券記録」という。）を荷送人又は傭船者に発行することができる。
　　②　受取船荷証券の発行に代えて受取電子船荷証券記録が発行された場合には、運送人又は船長は、荷送人又は傭船者の請求により、運送品の船積み後遅滞なく船積電子船荷証券記録を発行しなければならない。この場合には、当該受取電子船荷証券記録の支配の移転又は消去その他当該受取電子船荷証券記録の

利用及び支配の移転をすることができないようにする措置と引換えでなけれ
ば、船積電子船荷証券記録の発行を請求することができない。

③　商法第７５７条第１項の規定にかかわらず、受取船荷証券の発行に代えて受
取電子船荷証券記録が発行された場合には、荷送人又は傭船者は、船積船荷証
券の交付の請求をすることができない。

④　運送人又は船長は、第１項及び第２項の規定により電子船荷証券記録を発行
したときは、船荷証券を交付したものとみなす。

⑤　前４項の規定は、運送品について現に海上運送状が交付されているときは、
適用しない。

⑥　後記２②の規定に代えて、以下の規定を設ける。

受取電子船荷証券記録の支配の移転又は消去その他当該受取電子船荷証券記
録の利用及び支配の移転をすることができないようにする措置と引換えに船積
電子船荷証券記録の発行の請求があったときは、その受取電子船荷証券記録に
船積みがあった旨を記録して、船積電子船荷証券記録の発行に代えることがで
きる。この場合においては、商法第７５８条第１項第７号及び第８号に掲げる
事項をも記録しなければならない。

2　電子船荷証券記録の記録事項

①　電子船荷証券記録には、商法第７５８条第１項各号に掲げる事項（同項第１
１号に掲げる事項を除き、受取電子船荷証券記録にあっては、同項第７号及び
第８号に掲げる事項を除く。）を記録しなければならない。

②　受取電子船荷証券記録の支配の移転又は消去その他当該受取電子船荷証券
記録の利用及び支配の移転をすることができないようにする措置と引換えに
船積船荷証券の交付の請求があったときは、その受取電子船荷証券記録に船積
みがあった旨を記録して、船積船荷証券の作成に代えることができる。この場
合においては、商法第７５８条第１項第７号及び第８号に掲げる事項をも記録
しなければならない。

3　「支配」概念の創設及び関連概念の定義
⑴　「支配」概念の定義

電子船荷証券記録の「支配」という新たな概念を創設することとし、その定
義として、次のいずれかの案によるものとする。

【甲案】

「電子船荷証券記録の支配」については、「当該電子船荷証券記録を〔排他
的に〕（注１）利用することができる状態」と定義する。

【乙案】

「電子船荷証券記録の支配」の内容について、法律上は定義を設けない。

⑵　「電子船荷証券記録の発行」の定義について

電子船荷証券記録の発行については、「電子船荷証券記録を作成し、当該電子
船荷証券記録の支配が荷送人又は傭船者に〔排他的に〕（注１）属することとな

る措置」と定義する（注２）。
⑶　「電子船荷証券記録の支配の移転」の定義について
　　電子船荷証券記録の支配の移転については、「電子船荷証券記録の支配を他の者に移転する措置であって、当該他の者に当該電子船荷証券記録の支配が〔移転／排他的に属〕（注１）した時点で、当該電子船荷証券記録の支配を移転した者が当該電子船荷証券記録の支配を失うもの」と定義する（注２）。
　　（注１）⑴の甲案を採用しつつもその定義の中に支配の排他性を求めない場合又は乙案を採用する場合には、「電子船荷証券記録の発行」及び「電子船荷証券記録の支配の移転」の定義の中で排他性を別途規律することなどを通じて、電子船荷証券記録の支配が排他的であることを規律していくことが考えられる。
　　（注２）電子船荷証券記録の発行及び支配の移転については、一定の技術的要件を満たす必要があることを想定しており、当該技術的要件については、後記第３で取り扱うものとする。

第３　電子船荷証券記録の技術的要件
　１　電子船荷証券記録の定義及び信頼性の要件以外の技術的要件
　　　電子船荷証券記録については、次のように定義及び技術的要件（信頼性の要件を除く。）を定める。
　　　「電子船荷証券記録」とは、商法第●条（注：前記第２の１の規定）の規定により発行される電磁的記録（電子的方式、磁気的方式その他人の知覚によっては認識することができない方式で作られる記録であって、電子計算機による情報の処理に供されるものをいう。）であって、次の各号のいずれにも該当するものをいう。
　　　一　電子船荷証券記録上の権利を有することを証する唯一の記録として特定されたもの
　　　二　電子船荷証券記録の支配をすることができるものであって、その支配をする者を特定することができるもの（注）
　　　三　商法第●条（注：前記第２の３⑶の規定）に規定する電子船荷証券記録の支配の移転をすることができるもの
　　　四　通信、保存及び表示の通常の過程において生ずる変更を除き、電子船荷証券記録に記録された情報を保存することができるもの
　　　（注）前記第２の３⑴において甲案をとる場合には、「商法第●条に規定する電子船荷証券記録の支配を（略）」と規律することとなる。

　２　技術的要件としての信頼性の要件
　　　電子船荷証券記録の技術的要件としての信頼性の要件については、次のいずれかの案によるものとする。
　【甲案】
　　　電子船荷証券記録に関して、一般的な信頼性の要件を明示的に定めることはしない。

【乙案】

　電子船荷証券記録の技術的要件として、一般的な信頼性の要件をその有効要件として明示的に定める（注）。

（注）例えば、以下のような規定を設けることが考えられる。

　　電子船荷証券記録の発行、電子船荷証券記録の支配の移転、電子船荷証券記録に対する電子裏書、第●条、第●条及び第●条（注：前記第2の1第2項、前記第2の2第2項、後記第4の2の甲案及び乙案の第1項、後記第6の2⑹等）に定める電子船荷証券記録の消去その他当該受取電子船荷証券記録の利用及び支配の移転をすることができないようにする措置、第●条（注：後記第6の2⒂）に定める電子船荷証券記録に記載された事項の提示は、信頼性のある手法が用いられなければならない。

【丙案】

　電子船荷証券記録の技術的要件として、一般的な信頼性の要件をその有効要件として定めることはしないが、一般的な信頼性の要件について、例えば、次のような規定を設ける。

　電子船荷証券記録を発行する者、電子船荷証券記録に記録する者、電子船荷証券記録の支配を移転する者その他電子船荷証券記録に関する行為をする者は、〔法務省令で定める事項（注）を考慮し、〕信頼性のある手法を用い〔るように努め〕なければならない。

（注）法務省令を定める場合には、次のような内容を規定することを想定している。

　　商法第●条に規定する法務省令で定める事項は、次に掲げる事項とする。

　　一　電子船荷証券記録の利用に関する全ての規程の有無及び内容

　　二　電子船荷証券記録に記録された情報の完全性を確保するための方法

　　三　電子船荷証券記録への権限のない利用及び接続を防止するための方法

　　四　電子船荷証券記録に用いられるハードウェア及びソフトウェアの安全性

　　五　電子船荷証券記録に関するシステムの提供者から独立した機関による電子船荷証券記録に関するシステムに対する監査の有無、範囲及び定期性

　　六　監督機関又は規制当局によってなされる電子船荷証券記録の信頼性に対する評価の有無及び内容

　　七　電子船荷証券記録に関連する業界の標準的な取扱い

3　電子船荷証券記録の発行の技術的要件

　前記第2の3⑵の「電子船荷証券記録の発行」の定義を前提として、電子船荷証券記録の発行の技術的要件について、次のように定める。

　「電子船荷証券記録の発行」とは、法務省令で定める方法（注）により、電子船荷証券記録を作成し、当該電子船荷証券記録の支配が荷送人又は傭船者に〔排他的に〕属することとなる措置をいう。

（注）法務省令として、次のような内容を規定することを想定している。ただし、「電子署名」に関しては、これを要件としないことや、電子署名を行った者の識別可能性とその者の意思を示すために信頼できる手法が用いられていることのみを定めることも考えられる。

　　1　商法第●条に規定する法務省令で定める方法は、次の各号のいずれにも該当するも

のをいう。
一　電子情報処理組織を利用する方法その他の情報通信の技術を利用する方法であること
二　電子船荷証券記録を発行する者が電子署名をするものであること
2　前項第2号に規定する「電子署名」とは、電子船荷証券記録に記録された情報について行われる措置であって、次の各号のいずれにも該当するものをいう。
一　当該情報が当該措置を行った者の作成に係るものであることを示すためのものであること
二　当該情報について改変が行われていないかどうかを確認することができるものであること

4　電子船荷証券記録の支配の移転の技術的要件
　　前記第2の3⑶の「電子船荷証券記録の支配の移転」の定義を前提として、電子船荷証券記録の支配の移転の技術的要件について、次のように定める。
　　「電子船荷証券記録の支配の移転」とは、法務省令で定める方法（注）により、電子船荷証券記録の支配を他の者に移転する措置であって、当該他の者に当該電子船荷証券記録の支配が〔移転／排他的に属〕した時点で、当該電子船荷証券記録の支配を移転した者が当該電子船荷証券記録の支配を失うものをいう。
　（注）法務省令として、次のような内容を規定することを想定している。
　　　　商法第●条に規定する法務省令で定める方法は、電子情報処理組織を利用する方法その他の情報通信の技術を利用する方法をいう。

第4　電子船荷証券記録と船荷証券の転換
1　船荷証券から電子船荷証券記録への転換
①　船荷証券が交付された場合には、当該船荷証券を交付した運送人又は船長は、当該船荷証券の所持人（注1）の承諾を得て、当該船荷証券（数通の船荷証券が交付された場合にあっては、その全部）と引換えに、電子船荷証券記録を発行することができる。この場合において、当該電子船荷証券記録には、一定の事項（注2）が記録されなければならない。
②　前項の規定により電子船荷証券記録が発行された場合における商法第●条第●項（注：後記第6の2の⑽の第1項の規定）の規定の適用については、当該電子船荷証券記録を支配する者は、当該電子船荷証券記録の発行を受けた者が電子裏書の連続によりその権利を有したことを証明したものとみなす。
　（注1）「当該船荷証券の所持人」の後に括弧書きを設けて一定の限定をすることが考えられるところ、括弧書きの内容については、次のいずれかの案によるものとする。
　　　【A案】当該船荷証券上の権利を適法に有する者に限る。
　　　【B案】当該船荷証券が、裏書によって、譲渡し、又は質権の目的とすることができるものである場合にあっては、裏書の連続によりその権利を証明した者（裏書がされる前であるときは、荷送人）に限る。
　（注2）一定の事項については、次のいずれかの案によるものとする。

【Ａ案】次の①から④までの事項の全部又は一部とする（一部とする場合には、例えば、①のみとする、①及び②とする、①及び④とするといったように、複数の考え方がある。）。

①　商法第７５８条第１項各号に掲げる事項（同項第１１号に掲げる事項を除く。）に関して当該船荷証券の記載と同一の内容

②　当該船荷証券に代えて発行されたものであること

③　当該船荷証券に代えて当該電子船荷証券記録の発行を受けた者の氏名又は名称

④　当該船荷証券が記名式であって裏書を禁止する旨の記載がある場合においては電子裏書を禁止すること

【Ｂ案】単に「当該船荷証券の記載と同一の内容」とする。

2　電子船荷証券記録から船荷証券への転換

　電子船荷証券記録から紙の船荷証券への転換の場面の規律については、次のいずれかの案によるものとする。

【甲案】

①　電子船荷証券記録が発行された場合には、当該電子船荷証券記録を発行した運送人又は船長は、当該電子船荷証券記録を支配する者（注１）の承諾を得て、当該電子船荷証券記録の支配の移転又は消去その他当該電子船荷証券記録の利用及び支配の移転をすることができないようにする措置と引換えに、船荷証券の一通又は数通を交付することができる。この場合において、当該船荷証券には、一定の事項（注２）が記載されなければならない。

②　前項の規定により船荷証券が交付された場合における民法第５２０条の４の規定の適用については、当該船荷証券の所持人は、当該船荷証券の交付を受けた者が裏書の連続によりその権利を有したことを証明したものとみなす。

（注１）「当該電子船荷証券記録を支配する者」の後に括弧書きを設けて一定の限定をすることが考えられるところ、括弧書きの内容については、次のいずれかの案によるものとする。

【Ａ案】当該電子船荷証券記録上の権利を適法に有する者に限る。

【Ｂ案】指図式の電子船荷証券記録が発行された場合にあっては、電子裏書の連続によりその権利を証明した者（電子裏書がされる前であるときは、荷送人）に限る。

（注２）一定の事項については、次のいずれかの案によるものとする。

【Ａ案】次の①から④までの事項の全部又は一部とする（一部とする場合には、例えば、①のみとする、①及び②とする、①及び④とするといったように、複数の考え方がある。）。

①　商法第７５８条第１項各号に掲げる事項（同項第１１号に掲げる事項を除く。）に関して当該電子船荷証券記録の記録と同一の内容

②　当該電子船荷証券記録に代えて発行されたものであること

③　当該電子船荷証券記録に代えて当該船荷証券の交付を受けた者の氏名又は名称

　　　　④　当該電子船荷証券記録が商法第●条第●項（注：後記5の第3項の規定）
　　　　　の電子船荷証券記録である場合においては裏書を禁止すること
　　　【B案】単に「当該電子船荷証券記録の記録と同一の内容」とする。

　【乙案】
　　①　電子船荷証券記録を支配する者（注1）は、当該電子船荷証券記録を発行
　　　した運送人又は船長に対し、当該電子船荷証券記録の支配の移転又は消去そ
　　　の他当該電子船荷証券記録の利用及び支配の移転をすることができないよう
　　　にする措置と引換えに船荷証券の一通又は数通を交付することを請求するこ
　　　とができる。この場合において、当該船荷証券には、一定の事項（注2）が
　　　記載されなければならない。
　　②　前項の規定により船荷証券が交付された場合における民法第520条の4
　　　の規定の適用については、当該船荷証券の所持人は、当該船荷証券の交付を
　　　受けた者が裏書の連続によりその権利を有したことを証明したものとみなす。
　　　（注1）甲案の注1と同じ。
　　　（注2）甲案の注2と同じ。

第5　電子船荷証券記録の類型及び譲渡等の方式
　　①　指図式の電子船荷証券記録上の権利の譲渡又はこれを目的とする質権の設
　　　定は、当該電子船荷証券記録の支配の移転及び電子裏書（電子船荷証券記録を
　　　支配する者が当該電子船荷証券記録の支配を他の者に移転する場合において、
　　　法務省令で定める方法により（注）、当該電子船荷証券記録の支配の移転をする
　　　者の氏名又は名称及び移転を受ける者の氏名又は名称を当該電子船荷証券記
　　　録に記録することをいう。以下同じ。）をすることによって、その効力を生ずる。
　　　（注）法務省令として、以下のような内容を規定することを想定している。ただし、前記第
　　　　　3の3の電子船荷証券記録の発行の技術的要件と同様に、「電子署名」に関しては、こ
　　　　　れを要件としないことや、電子署名を行った者の識別可能性とその者の意思を示すため
　　　　　に信頼できる手法が用いられていることのみを定めることも考えられる。
　　　　　1　商法第●条第●項に規定する法務省令で定める方法は、次の各号の要件のいずれ
　　　　　　にも該当するものをいう。
　　　　　　一　電子情報処理組織を利用する方法その他の情報通信の技術を利用する方法であ
　　　　　　　ること
　　　　　　二　商法第●条第●項に定める事項の記録をする者が電子署名をするものであるこ
　　　　　　　と
　　　　　2　前項第2号に規定する「電子署名」とは、電子船荷証券記録に記録された情報につ
　　　　　　いて行われる措置であって、次の各号の要件のいずれにも該当するものをいう。
　　　　　　一　当該情報が当該措置を行った者の作成に係るものであることを示すためのもの
　　　　　　　であること
　　　　　　二　当該情報について改変が行われていないかどうかを確認することができるもの
　　　　　　　であること
　　②　前項の電子船荷証券記録に該当しない電子船荷証券記録（記名式であって電

子裏書を禁止する旨の記録がされているものを除く。）上の権利の譲渡又はこれを目的とする質権の設定は、当該電子船荷証券記録の支配の移転をすることによって、その効力を生ずる。

③　記名式であって電子裏書を禁止する旨の記録がされている電子船荷証券記録上の権利の譲渡又はこれを目的とする質権の設定は、債権の譲渡又はこれを目的とする質権の設定に関する方式に従い、かつ、その効力をもってのみ、することができる。

④　電子裏書は、単純であることを要し、電子裏書に付した条件は、これを記録していないものとみなす。

⑤　第1項の規定にかかわらず、電子裏書は、電子船荷証券記録の支配の移転を受ける者の氏名又は名称を記録しないで、又は単に当該電子船荷証券記録の支配の移転をする者の氏名若しくは名称を記録することのみをもってすることができる（以下「白地式電子裏書」という。）。

⑥　白地式電子裏書がされたときは、電子船荷証券記録を支配する者は、次に各号に掲げる行為をすることができる。
　　一　自己の氏名若しくは名称又は他人の氏名若しくは名称をもって白地を補充すること
　　二　白地式電子裏書により、又は他人の氏名若しくは名称を表示して更に電子裏書をすること
　　三　白地を補充せず、かつ、電子裏書をせずに電子船荷証券記録の支配を移転することにより電子船荷証券記録上の権利を譲渡し、又はこれを目的とする質権を設定すること

⑦　電子船荷証券記録の支配の移転を受ける者の氏名又は名称を記録せずにその支配をする者に運送品を引き渡すべき旨が付記された電子裏書は、白地式電子裏書と同一の効力を有する。

第6　電子船荷証券記録の効力等に関する規律の内容
　1　規律の在り方の方向性
　　　電子船荷証券記録の効力等に関する規律の在り方に関しては、次のいずれかの案によるものとする。
【甲案】
　　　紙の船荷証券に適用される商法及び民法等の規定について、包括的な準用規定を設けたり、電子船荷証券記録に適用させるために個別的に書き下したりすることはせずに、次のような規定を置くという考え方。
　　①　電子船荷証券記録は、船荷証券と同一の効力を有する。
　　②　運送人又は船長は、電子船荷証券記録を発行したときは、船荷証券を作成及び交付したものとみなす。
　　③　電子船荷証券記録の支配をする者は、電子船荷証券記録に対して電子裏書をしたときは、船荷証券に対して裏書をしたものとみなす。
　　④　電子船荷証券記録の記録は船荷証券の記載と、電子船荷証券記録の支配は

船荷証券の占有と、電子船荷証券記録を支配する者は船荷証券の所持人と、それぞれみなす。

⑤　電子船荷証券記録の支配の移転をした者は、船荷証券の交付、引渡し又は返還をしたものとみなす。

⑥　電子船荷証券記録の支配をする者は、当該電子船荷証券記録に記録された事項を提示したときは、船荷証券を提示したものとみなす。

【乙案】

紙の船荷証券に適用される商法及び民法の主要な規定についての包括的な準用規定を設けつつ、読替規定（注）を置くという考え方。ただし、この案においても、「電子船荷証券記録は、船荷証券と同一の効力を有する」旨の規定は別途設けることとする。

（注）読替規定については、例えば、次のようなものとなることが考えられる。

> 　特別の定めがある場合を除き、電子船荷証券記録又は電子複合運送証券記録については、その性質に反しない限り、第三編第三章第三節の規定（第７５７条、第７５８条、第７６５条、第７６６条、第７６７条及び第７６９条の規定を除く。）及び民法（明治二十九年法律第八十九号）第三編第一章第七節の規定（同法第５２０条の２、第５２０条の３、第５２０条の７、第５２０条の８（同法第５２０条の１８及び第５２０条の２０で準用される場合を含む。）、第５２０条の１１（同法第５２０条の１８及び第５２０条の２０で準用される場合を含む。）、第５２０条の１２（同法第５２０条の１８及び第５２０条の２０で準用される場合を含む。）、第５２０条の１３、第５２０条の１７、第５２０条の１９の規定を除く。）を準用する。この場合において、これらの規定中、「船荷証券」とあるのは「電子船荷証券記録」と、「指図証券」とあるのは「指図式の電子船荷証券記録」と、「記名式所持人払証券」又は「無記名証券」とあるのは、「第●条第２項（注：第５の第２項の規定）に定める電子船荷証券記録」と、「その証券」とあるのは「その電子船荷証券記録」と、「記載」とあるのは「記録」と、「作成」とあるのは「発行」と、「裏書」とあるのは「電子裏書」と、「占有」とあるのは「支配」と、「証券上の権利」とあるのは「電子船荷証券記録上の権利」と、「所持人」とあるのは「支配をする者」と、「指図証券の債務者」又は「記名式所持人払証券の債務者」とあるのは「運送人」と、第７６０条中「善意の所持人」とあるのは「その支配をする善意の者」と、第７６２条中「船荷証券は、」とあるのは「電子船荷証券記録上の権利は、当該電子船荷証券記録が」と、「裏書によって」とあるのは「当該電子船荷証券記録の支配の移転及び電子裏書をすることによって」と、第７６３条中「を引き渡したときは、その引渡しは」とあるのは「の支配を移転したときは、その移転は」と、第７６４条中「これと引換えでなければ」とあるのは「当該受取電子船荷証券記録の支配の移転又は消去その他当該受取電子船荷証券記録の利用及び支配の移転をすることができないようにする措置と引換えでなければ」と、民法第５２０条の５及び同法第５２０条の１５中「を返還する義務」とあるのは「の支配の移転をする義務」と、同条中「を取得した」とあるのは「の支配の移転を受けた」と、同法第５２０条の６及び第５２０条の１６中「譲渡前の債権者」とあるのは「支配が移転する前の支配をする者」と、「善意の譲受人」とあるのは「その支配をする善意の者」と、同法第５２０条の９中「所持人がその証券を提示して」とあるのは「電子船荷証券記録（記名式であって電子裏書を禁止する旨の記録がされているものを除

> く。）を支配する者がその電子船荷証券記録に記録された事項を提示して」と、同法第５２０条の１０中「署名及び押印」とあるのは「署名及び押印に代わるものとして法務省令で定める措置」と、同条中「債務者」とあるのは「運送人」と読み替える。

【丙案】

　紙の船荷証券に適用される規定のうち電子船荷証券記録に適用すべきものについて、個別的に書き下す（注）という考え方。ただし、この案においても、「電子船荷証券記録は、船荷証券と同一の効力を有する」旨の規定は別途設けることとする。

　（注）その内容は、後記２の内容とすることを想定している。ただし、紙の船荷証券に適用される商法の規定については、後記２のように電子船荷証券記録の規定を別個に規定するのではなく、紙の船荷証券に適用される商法の規定の中に組み込む形で規定することも考えられる。

【丁案】

　乙案及び丙案の折衷的な考え方として、紙の船荷証券に適用される商法の規定のうち電子船荷証券記録に適用すべきものについては、紙の船荷証券に適用される商法の規定の中に電子船荷証券記録を組み込むこととしつつ、紙の船荷証券に適用される民法の規定のうち電子船荷証券記録に適用すべきものについては、包括的な準用規定を設けつつ、読替規定（注）を置くという考え方。この案においても、「電子船荷証券記録は、船荷証券と同一の効力を有する」旨の規定は別途設けることとする。

　（注）読替規定については、乙案の読替規定の条文イメージから商法の規定に関する部分を除外したものになることが考えられる。

2　具体的な規律の内容

　電子船荷証券記録の効力等に関する規律の内容に関して、前記１の丙案を採用する場合の規律の内容は、次のとおりとする。なお、前記１の乙案又は丁案を採用して読替規定を設ける場合における読替え後の規律の内容についても、基本的には同様である。

⑴　商法第７５９条に相当する規定

　①　運送人又は船長は、電子船荷証券記録を発行する場合において、商法第７５８条第１項第１号及び第２号に掲げる事項につき荷送人又は傭船者の書面又は電磁的方法による通知があったときは、その通知に従ってその事項を記録しなければならない。

　②　前項の規定は、同項の通知が正確でないと信ずべき正当な理由がある場合及び当該通知が正確であることを確認する適当な方法がない場合には、適用しない。運送品の記号について、運送品又はその容器若しくは包装に航海の終了の時まで判読に堪える表示がされていない場合も、同様とする。

　③　荷送人又は傭船者は、運送人に対し、第１項の通知が正確でないことによって生じた損害を賠償する責任を負う。

⑵　商法第７６０条に相当する規定

　　運送人は、電子船荷証券記録の記録が事実と異なることをもってその支配を
する善意の者に対抗することができない。

⑶　商法第７６１条に相当する規定

　　電子船荷証券記録の発行がされたときは、運送品に関する処分は、電子船荷
証券記録によってしなければならない。

⑷　商法第７６２条に相当する規定

　　電子船荷証券記録上の権利は、当該電子船荷証券記録が記名式であるときで
あっても、当該電子船荷証券記録の支配の移転及び電子裏書をすることによっ
て、譲渡し、又は質権の目的とすることができる。ただし、当該電子船荷証券
記録に電子裏書を禁止する旨を記録したときは、この限りでない。

⑸　商法第７６３条に相当する規定

　　電子船荷証券記録により運送品を受け取ることができる者に電子船荷証券記
録の支配を移転したときは、その移転は、運送品について行使する権利の取得
に関しては、運送品の引渡しと同一の効力を有する。

⑹　商法第７６４条に相当する規定

　　電子船荷証券記録の発行がされたときは、当該電子船荷証券記録の支配の移
転又は消去その他当該電子船荷証券記録の利用及び支配の移転をすることがで
きないようにする措置と引換えでなければ、運送品の引渡しを請求することが
できない。

⑺　商法第７６５条、第７６６条及び第７６７条

　　電子船荷証券記録には適用しない。

⑻　商法第７６８条に相当する規定

　　電子船荷証券記録が発行された場合における前編第八章第二節の規定の適用
については、第５８０条中「荷送人」とあるのは、「電子船荷証券記録を支配す
る者」とし、第５８１条、第５８２条第２項及び第５８７条ただし書の規定は、
適用しない。

⑼　民法第５２０条の２、第５２０条の３、第５２０条の１３、第５２０条の１
９第１項

　　前記第５の電子船荷証券記録の類型及び譲渡等の方式に関する規定として定
める（前記第５参照）。

⑽　民法第５２０条の４及び第５２０条の１４に相当する規定

　　①　指図式の電子船荷証券記録（商法第●条（注：前記⑷の規定）本文の規定
により、電子船荷証券記録の支配の移転及び電子裏書をすることによって、
当該電子船荷証券記録上の権利を譲渡し、又は質権の目的とすることができ
る場合における当該電子船荷証券記録を含む。）を支配する者において、電
子裏書の連続によりその権利を証明するときは、その者は、当該電子船荷証
券記録上の権利を適法に有するものと推定する。この場合において、抹消さ
れた電子裏書は、これを記録しなかったものとみなし、白地式電子裏書に次
いで他の電子裏書があるときは、当該電子裏書を行った者は、白地式電子裏

　　書によって電子船荷証券記録の支配の移転を受けた者とみなす。
　②　前項の規定は、最後の電子裏書が白地式電子裏書であるときも適用する。
　③　商法第●条第●項（注：前記第5の第2項の規定）に規定する電子船荷証券記録を支配する者は、当該電子船荷証券記録上の権利を適法に有するものと推定する。
⑾　民法第５２０条の５及び第５２０条の１５に相当する規定
　①　何らかの事由により電子船荷証券記録（記名式であって電子裏書を禁止する旨の記録がされているものを除く。）の支配を失った者（当該電子船荷証券記録上の権利を適法に有する者に限る。）は、その支配をする者に対し、当該電子船荷証券記録の支配の移転を自己に対してすることを求めることができる。
　②　前項の規定にかかわらず、何らかの事由により電子船荷証券記録（記名式であって電子裏書を禁止する旨の記録がされているものを除く。）の支配を失った者がある場合において、その支配をする者が前条（注：前記⑽の規定）の規定によりその権利を証明するときは、その支配をする者は、当該電子船荷証券記録の支配の移転をする義務を負わない。ただし、その支配をする者が悪意又は重大な過失によりその支配の移転を受けたときは、この限りでない。
⑿　民法第５２０条の６及び第５２０条の１６に相当する規定
　　運送人は、電子船荷証券記録（記名式であって電子裏書を禁止する旨の記録がされているものを除く。）に記録した事項及びその電子船荷証券記録の性質から当然に生ずる結果を除き、その電子船荷証券記録の支配が移転する前の支配をする者に対抗することができた事由をもってその支配をする善意の者に対抗することができない。
⒀　民法第５２０条の７及び第５２０条の１７
　　別途規定は設けない。
⒁　民法第５２０条の８
　　電子船荷証券記録には適用しない。
⒂　民法第５２０条の９に相当する規定
　　運送人は、その債務の履行について期限の定めがあるときであっても、その期限が到来した後に電子船荷証券記録（記名式であって電子裏書を禁止する旨の記録がされているものを除く。）を支配する者がその電子船荷証券記録に記録された事項を表示したものを提示してその履行を請求した時から遅滞の責任を負う。
⒃　民法第５２０条の１０に相当する規定
　　運送人は、電子船荷証券記録（記名式であって電子裏書を禁止する旨の記録がされているものを除く。）を支配する者及びその電子署名の真偽を調査する権利を有するが、その義務を負わない。ただし、運送人に悪意又は重大な過失があるときは、その弁済は、無効とする。

⒄　民法第５２０条の１１及び第５２０条の１２

　　電子船荷証券記録には適用しない。

⒅　国際海上物品運送法第７条の改正

　　国際海上物品運送法第７条の規律を次のように改めるものとする（下線部は改正箇所を意味する。）。

①　荷受人又は船荷証券所持人若しくは電子船荷証券記録を支配する者は、運送品の一部滅失又は損傷があつたときは、受取の際運送人に対しその滅失又は損傷の概況につき書面又は電磁的方法による通知を発しなければならない。ただし、その滅失又は損傷が直ちに発見することができないものであるときは、受取の日から三日以内にその通知を発すれば足りる。

②　前項の通知がなかつたときは、運送品は、滅失及び損傷がなく引き渡されたものと推定する。

③　前二項の規定は、運送品の状態が引渡しの際当事者の立会いによつて確認された場合には、適用しない。

④　運送品につき滅失又は損傷が生じている疑いがあるときは、運送人と荷受人又は船荷証券所持人若しくは電子船荷証券記録を支配する者とは、相互に、運送品の点検のため必要な便宜を与えなければならない。

⒆　その他

　　上記⑴から⒅までのほか、商法、民法及び国際海上物品運送法において、明示的に「船荷証券」を規律する規定としては、商法第５６３条（介入権）、同第７４１条（荷受人の運送賃支払義務等）、同第７５６条（個品運送契約に関する規定の準用等）、同第７７０条（海上運送状）、同第８０９条（共同海損となる損害又は費用）、国際海上物品運送法第９条（責任の限度）、同第１１条（特約禁止）、同第１２条（特約禁止の特則）、同第１４条、同第１５条（商法の適用）、同第１６条（運送人等の不法行為責任）等の規定が存在するところであるが、これらについては、基本的には、①「船荷証券」と並記する形で「電子船荷証券記録」を追加する、②「船荷証券所持人」と並記する形で「電子船荷証券記録を支配する者」を追加する、③それらに伴い、船荷証券に係る「記載」、「交付」といった用語に、電子船荷証券記録においてそれらに相当する「記録」、「発行」、「支配の移転」といった用語を追加する、④船荷証券に関する既存の商法の規定を準用する規定について、準用の対象にそれらに相当する電子船荷証券記録の条項を追加するといった所要の整備を行う（注）。

　　（注）このほかに、「有価証券」を直接の規律の対象とするものや「船荷証券」や「有価証券」に関する商法又は民法の規定を準用する法規定で、電子船荷証券記録との関係での実質的な規律内容を検討すべきものがあるかについては引き続き検討を行う。

第７　電子船荷証券記録を支配する者に対する強制執行に関する規律の内容

　　電子船荷証券記録を支配する者に対する強制執行に関する規律の内容については、次のいずれかの案によるものとする。

【甲案】

①　運送人及び電子船荷証券記録を支配する者は、運送品の引渡しに係る債権に関する強制執行その他の処分の制限がされた場合において、その旨を知ったときは、遅滞なく、その旨を電子船荷証券記録（これに付随する電磁的記録を含む。）に記録しなければならない。ただし、運送人及び電子船荷証券記録を支配する者がその記録をすることができないときは、この限りでない。

②　〔【甲－１案】運送品の引渡しに係る債権に関する強制執行その他の処分の制限がされたとき／【甲－２】前項の記録がされたとき〕は、電子船荷証券記録は、その効力を失う。

【乙－１案】（注）

①　電子船荷証券記録が発行されている場合における運送品の引渡しに係る債権に対する強制執行又は民事保全に関する民事執行法第１４３条第１項（民事保全法第５０条第１項で準用される場合を含む。）の規定の適用については、動産執行の目的となる有価証券が発行されているものとみなすことにより、運送品の引渡しに係る債権は、強制執行等の対象にはならないものとする。

②　電子船荷証券記録を支配する者の債権者は、電子船荷証券記録を支配する者の運送人に対する船荷証券への転換請求権を代位行使することができるものとし、その場合には、当該電子船荷証券記録の支配の移転又は消去その他当該電子船荷証券記録の利用及び支配の移転をすることができないようにする措置と引き換えにすることは要しないものとする。

　（注）前記第４の２において乙案を採用する場合においてのみ採用し得る。

【乙－２案】

①　電子船荷証券記録が発行されている場合における運送品の引渡しに係る債権に対する強制執行又は民事保全に関する民事執行法第１４３条第１項（民事保全法第５０条第１項で準用される場合を含む。）の規定の適用については、動産執行の目的となる有価証券が発行されているものとみなすことにより、運送品の引渡しに係る債権は、強制執行等の対象にはならないものとする。

②'電子船荷証券記録を使用、収益又は処分する権利に対する強制執行がされた場合には、債権者は、当該電子船荷証券記録を支配する債務者に対し、その支配の移転を自己に対してすることを求めることができる。

【丙案】

　運送品の引渡しに係る債権に対する強制執行がされた場合には、債権者は、当該電子船荷証券記録を支配する債務者に対し、その支配の移転を自己に対してすることを求めることができる。

【丁案】

　電子船荷証券記録を支配する者に対する強制執行に関して、特段の規律は新設しない。

第2部　その他の商法上の規定の見直し

第1　海上運送状に関する規定の見直し
　　商法第７７０条第３項の規律を次のように改めるものとする。
　　第一項の運送人又は船長は、海上運送状の交付に代えて、荷送人又は傭船者の承
　諾を得て、海上運送状に記載すべき事項を電磁的方法により提供することができる。
　この場合において、当該運送人又は船長は、海上運送状を交付したものとみなす。

第2　複合運送証券に関する規定の見直し
　　電子化された複合運送証券（「電子複合運送証券記録」と呼称する。）について、
　商法第７６９条に相当する規定として、次のような規律を設ける。
　①　運送人又は船長は、船積みがあった旨を記載した複合運送証券又は受取があっ
　　た旨を記載した複合運送証券の交付に代えて、荷送人の承諾を得て、船積みがあ
　　った旨を記録した電子複合運送証券記録（以下「船積電子複合運送証券記録」と
　　いう。）又は受取があった旨を記録した電子複合運送証券記録（以下「受取電子複
　　合運送証券記録」という。）を荷送人に発行することができる。
　②　電子船荷証券記録の規定の内容に応じて、準用規定を設けるなどして所要の整備を行い
　　つつ、電子複合運送証券記録固有の法定記録事項として、「発行地及び到達地」を加え
　　る。

第3　倉荷証券に関する規定の見直し
　　倉荷証券についても、電子船荷証券記録と同様の内容でその電子化を検討するこ
　とでどうか。

　　　　　　　　　　　　　　　　　　　　　　　　　　　　　　　　　　　　以上

船荷証券に関する規定等の見直し
に関する中間試案の補足説明

令和５年３月

法務省民事局参事官室

船荷証券に関する規定等の見直しに関する中間試案の補足説明

＜目次＞

はじめに

　船荷証券を利用した海上運送においては、運送された貨物の引渡しを受けるためにはそれと引換えに運送人に対して船荷証券を引き渡すことが求められるところ（受戻証券性）、技術革新による船舶の高速化等を背景として輸送時間が大幅に短縮されたことにより、特にアジア域内など航海期間が短い海上輸送において船荷証券を用いようとすると、貨物が輸入地に到着しても船荷証券がなお未着であり、船荷証券に基づく貨物の引渡しを適時に行うことができないという事態が生じ得ることから、これまでも実務上様々な工夫が検討されてきたところであり、平成３０年の商法改正（平成３０年法律第２９号）においても海上運送状の法制化が実現されたところである。

　また、民間のサービス・プロバイダーによる規約型の電子式船荷証券（民間のクラブシステムの規約に関係者が合意し、そのシステムの利用を通じて船荷証券上の権利の移転や銀行決済等を行うものであって、現行の日本法との関係では、その物権的効力等に関する法律上の裏付けがないものの、事実上電子的な船荷証券の譲渡等を実現しようとするものである。以下「規約型の電子式船荷証券」という。）が登場し、ブロックチェーン技術の普及等も相まって近時一層の注目が集まっているといえるものの、他方で、船荷証券の電子化についての法整備が追いついていないこともあってその利用が十分に進んでいるとはいい難いという現状がある。

　そうしたところ、我が国においても、デジタル社会形成基本法（令和３年法律第３５号）が制定され、デジタル社会に対応した法整備の必要性が指摘されている中、船荷証券の電子化については、令和３年１月１９日の規制改革推進会議投資等ＷＧ（第７回）において規制改革要望として取り上げられ、同年６月１８日に閣議決定された「規制改革実施計画」や「デジタル社会の実現に向けた重点計画」において「国際的な動向等も踏まえ、船荷証券の電子化に向けた制度設計も含めた調査審議を進め、令和３年度中に一定の結論を得、速やかに法制審議会への諮問などの具体的措置を講ずる」こととされるなど、政府として重点的に検討すべき課題とされている。

　そのような中で、船荷証券の電子化については、UNCITRAL（国連国際商取引法委員会）の MLETR（電子的移転可能記録モデル法）といった参考となるものがあり、諸外国の中には、これを参考にして国際的な調和がとれる内容の国内法を整備し、又はその検討を進めているという国が少なくない。

　MLETR は、船荷証券に特化したものではなく、電子的移転可能記録一般に関するモデル法として、移転可能な証書又は文書を対象としてその電子的な機能的同等物を実現すること、すなわち、既に紙の証書等に実体法上のルールがあることを前提として電磁的記録によってその機能的同等性を実現することを目的として、UNCITRAL が策定し、２０１７年（平成２９年）に公表されたものである。

　我が国が参加するＧ７のデジタル担当大臣会合においても、２０２１年度の会合において、Ｇ７参加国が UNCITRAL の取組みを支援して、MLETR と互換性のある

法的枠組みの採用を促進することを内容とする共同大臣声明が出されている。

　このような状況を踏まえると、船荷証券の電子化を実現することには、船荷証券が紙であるがゆえに生じ得る不都合を回避しつつ、貿易実務において船荷証券に期待される機能を実現し、その利用を促進するという意義があるといえる。また、MLETR などを参考にして国際的な調和がとれる内容の国内法を整備するというのが現時点における国際動向ということもできるところであり、部会においても、このような国際動向を踏まえて、MLETR を参考に船荷証券の電子化に関する規定を整備することについては意見の一致をみたところである（なお、試案と MLETR との対応関係については、第1部の各補足説明のほか、別紙「MLETR 参照表」も参照されたい。）。

　部会では、令和4年4月から令和5年3月までの間、計8回の審議を重ね、同月8日の第8回会議において「船荷証券に関する規定等の見直しに関する中間試案」を取りまとめるとともに、これを事務当局において公表し、意見募集手続を行うことが了承された。船荷証券に関する規定等の見直しは、我が国における国際海上物品運送の実務等に深く関わるものであって、その見直しに当たっては幅広く意見を求める必要があると考えられる。今後は、中間試案に対して寄せられた意見を踏まえ、部会にて引き続き審議を行うことが予定されている。

　なお、この補足説明は、これまでの部会での審議を踏まえ、中間試案の内容の理解に資するため、中間試案の各項目について、その趣旨等を事務当局である法務省民事局参事官室の責任において補足的に説明する目的で作成したものである。このように、この補足説明は、飽くまでも意見募集の対象である中間試案の内容について検討を加える際の参考資料として作成したものであって、それ以上の意味を持つものではない。

第 1　電子化された船荷証券の名称
　今回の法改正で実現しようとする電子化された船荷証券の法律上の名称を「電子船荷証券記録」とする。

（補足説明）
　今回の法改正で実現しようとする電子化された船荷証券については、「船荷証券」そのものではないため（後記第 2 の 3 の補足説明(1)参照）、新たな概念として法律上の名称を付すことが求められることとなる。

　本改正で創設しようとするものが、「船荷証券」と機能的同等性を持つ電磁的記録であることに鑑みれば、分かりやすさという観点からその名称の中には「船荷証券」又はそれに類する用語を含めることが相当と考えられる。

　他方、例外はあるものの、我が国の法制においては、一般的に、「証券」という用語は動産としての紙面の存在を前提として用いられることが少なくなく、名称の末尾が「証券」で終わることになると、紙面の存在が前提となっているかのような誤解を生じさせるおそれも否定できない。

　また、後記第 3 の 1 のとおり、電子化された船荷証券については、その技術的要件として、「電了的方式、磁気的方式その他人の知覚によっては認識することができない方式で作られる記録」であることを求めることが想定されているところ、我が国の法制においては、このような記録を「電磁的記録」と称するのが一般的ではあるが（商法第 5 3 9 条第 1 項第 2 号、会社法第 2 6 条第 2 項等）、磁気的方式を認めつつ、法律上の名称として「電子・・・」という用語を用いている例も少なからず存在するところである（注 1 ）。

　加えて、部会においては、電子化された船荷証券については、国際海上物品運送に用いられるものであり、我が国の法律に基づく電子化された船荷証券が国際的に受け入れられることが極めて肝要であると考えられ、法律上の名称についても国際的な調和を斟酌することが望ましいとの指摘があったところである。「電磁的」という用語を英語に翻訳すると、“electronic or magnetic” 又は “electromagnetic” という表記が用いられる可能性が高いと思われるところ、海外法制の動向を見ると、MLETR やシンガポール法では “electronic transferable record”、イギリスの Law Commission の 2 0 2 2 年 3 月 1 5 日の「電子取引文書－報告書及び草案」（以下、当該資料のうち報告書部分については「Law Commission 報告書」といい、草案部分については「Law Commission 草案」という。）（注 2 ）では “electronic trade document” といった用語が用いられており、いずれも “magnetic” という単語は用いられていない。MLETR、シンガポール法、Law Commission 草案がその記録の方法として磁気的方式が取られることを禁止している又は想定していないのか否かは定かではないものの、このような国際動向を踏まえれば、我が国における電子化された船荷証券の法律上の名称としても、無用な誤解を避ける趣旨で、「電磁的」という用語の使用を避けることが考えられる。

　以上を踏まえると、電子化された船荷証券の法律上の名称については、「電子船荷証券記録」とすることが考えられる。

（注1）例えば、電子署名及び認証業務に関する法律では、「電子署名」という法概念の定義として、「電磁的記録（電子的方式、磁気的方式その他人の知覚によっては認識することができない方式で作られる記録であって、電子計算機による情報処理の用に供されるものをいう。以下同じ。）に記録することができる情報について行われる措置であって、次の要件のいずれにも該当するものをいう。（略）」として（同法第2条第1項）、磁気的方式による記録を認めつつ、「電磁的署名」ではなく「電子署名」という名称を用いている。また、電子記録債権法においても同様に、「電子記録債権」について、「その発生又は譲渡についてこの法律の規定による電子記録（略）を要件とする金銭債権をいう」と定義しつつ（同法第2条第1項）、電子記録債権を構成する「債権記録」について、「発生記録により発生する電子記録債権、（略）電子債権記録機関の変更をする電子記録債権ごとに作成される電磁的記録（電子的方式、磁気的方式その他人の知覚によっては認識することができない方式で作られる記録であって、電子計算機による情報処理の用に供されるものをいう。以下同じ。）をいう」として（同法第2条第4項）、磁気的方式による記録を認めつつ、「電磁的記録債権」ではなく「電子記録債権」という名称を用いている。

（注2）その後、2022年10月に、Law Commission 草案を若干修正したうえで、具体的な法案が議会に提出されており、貴族院での審議が続いているようであるが、当該提出法案（以下「イギリス提出法案」という。）においても、"electronic trade document" といった用語が用いられており、"magnetic" という単語は用いられていない。

第2　電子船荷証券記録を発行する場面の規律等
1　電子船荷証券記録を発行する場面の規律
【甲案】
①　運送人又は船長は、船積船荷証券又は受取船荷証券の交付に代えて、荷送人又は備船者の承諾を得て、船積みがあった旨を記録した電子船荷証券記録（以下「船積電子船荷証券記録」という。）又は受取があった旨を記録した電子船荷証券記録（以下「受取電子船荷証券記録」という。）を荷送人又は備船者に発行することができる。

②　受取船荷証券の発行に代えて受取電子船荷証券記録が発行された場合には、当該受取電子船荷証券記録の支配の移転又は消去その他当該受取電子船荷証券記録の利用及び支配の移転をすることができないようにする措置と引換えでなければ、船積船荷証券の交付を請求することができない。

③　運送人又は船長は、第1項の規定により電子船荷証券記録を発行したときは、船荷証券を交付したものとみなす。

④　前3項の規定は、運送品について現に海上運送状が交付されているときは、適用しない。

⑤　後記2②の規定を設ける。

> 後記2②
> 　受取電子船荷証券記録の支配の移転又は消去その他当該受取電子船荷証券記録の利

用及び支配の移転をすることができないようにする措置と引換えに船積船荷証券の交付の請求があったときは、その受取電子船荷証券記録に船積みがあった旨を記録して、船積船荷証券の作成に代えることができる。この場合においては、商法第７５８条第１項第７号及び第８号に掲げる事項をも記録しなければならない。

【乙案】
① 運送人又は船長は、船積船荷証券又は受取船荷証券の交付に代えて、荷送人又は傭船者の承諾を得て、船積みがあった旨を記録した電子船荷証券記録（以下「船積電子船荷証券記録」という。）又は受取があった旨を記録した電子船荷証券記録（以下「受取電子船荷証券記録」という。）を荷送人又は傭船者に発行することができる。
② 受取船荷証券の発行に代えて受取電子船荷証券記録が発行された場合には、運送人又は船長は、荷送人又は傭船者の請求により、運送品の船積み後遅滞なく船積電子船荷証券記録を発行しなければならない。この場合には、当該受取電子船荷証券記録の支配の移転又は消去その他当該受取電子船荷証券記録の利用及び支配の移転をすることができないようにする措置と引換えでなければ、船積電子船荷証券記録の発行を請求することができない。
③ 商法第７５７条第１項の規定にかかわらず、受取船荷証券の発行に代えて受取電子船荷証券記録が発行された場合には、荷送人又は傭船者は、船積船荷証券の交付の請求をすることができない。
④ 運送人又は船長は、第１項及び第２項の規定により電子船荷証券記録を発行したときは、船荷証券を交付したものとみなす。
⑤ 前４項の規定は、運送品について現に海上運送状が交付されているときは、適用しない。
⑥ 後記２②の規定に代えて、以下の規定を設ける。
　受取電子船荷証券記録の支配の移転又は消去その他当該受取電子船荷証券記録の利用及び支配の移転をすることができないようにする措置と引換えに船積電子船荷証券記録の発行の請求があったときは、その受取電子船荷証券記録に船積みがあった旨を記録して、船積電子船荷証券記録の発行に代えることができる。この場合においては、商法第７５８条第１項第７号及び第８号に掲げる事項をも記録しなければならない。

（補足説明）
⑴ 電子船荷証券記録の発行義務等
　運送人又は船長は、荷送人又は傭船者の請求に応じて船荷証券の交付義務を負うものとされているところ（商法第７５７条第１項及び第２項）、電子船荷証券記録についても、荷送人又は傭船者の請求に応じて運送人又は船長にその発行義務を認めるか否かが問題となる。
　この点、デジタルファーストを志向すべきであるとの考え方を重視すると、運送人又は船長にそのような義務を負わせることも考えられるものの、電子船荷証券記録の発行についてはシステム導入等の負担が発生することが予想

されることに加えて、国際海上物品運送の実態や実務は、運送人の能力、船種、貨物、航路、契約形態（傭船契約か個品運送かなど）等により様々であることを踏まえると、一律に電子船荷証券記録の発行義務を認めることは適当ではないと考えられる。また、このように考えることは、MLETR 第7条第2項において「ある者にその者の同意なく電子的移転可能記録を利用することを要求するものではない」と規定されていることとも整合的であると考えられる。

そのため、試案では、甲案及び乙案ともに、電子船荷証券記録については、運送人等に発行義務までは認めずに、運送人又は船長が相手方（荷送人又は傭船者）の承諾を得て、つまり、発行者である運送人又は船長と荷送人又は傭船者の合意があった場合に限って発行を認める規律としている。

⑵　相手方（荷送人又は傭船者）の承諾の方法

海上運送状の交付に代えて海上運送状に記載すべき事項を電磁的方法により提供する場合には、法務省令で定めるところにより、荷送人又は傭船者の承諾を得るものとされており（商法第770条第3項）、その委任を受けた商法施行規則第12条第1項においては、「あらかじめ、当該事項の提供の相手方に対し、その用いる電磁的方法の種類及び内容を示し、書面又は電磁的方法による承諾を得なければならない」とし、かつ、「電磁的方法の種類及び内容」についてもその内容を規律している。

そこで、電子船荷証券記録を発行する場合にも、これと同様に、商法施行規則第12条第1項に本規定を追加するなどして、相手方の承諾について特定の方式を要求すべきか否かが問題となるものの、MLETR 第7条第3項の規定や国際的な調和等を踏まえると、この承諾に特定の方式を要求する必要はなく、かえって相当ではないと考えられる。そこで、試案では、甲案及び乙案ともに、電子船荷証券記録の発行に際して、相手方の承諾について特定の方式を要求することはしないことにしている。

> MLETR 第7条第3項
> ある者の電子的移転可能記録の利用への同意は、その者の行動から推認されることができる。

⑶　荷受人の承諾の要否

MLETR 第7条第2項が「ある者にその者の同意なく電子的移転可能記録を利用することを要求するものではない」と規定していることとの関係で、電子船荷証券記録の発行に際して、運送人又は船長（発行する者）及び荷送人又は傭船者（発行を受ける者）に加えて、荷受人の承諾を必要とするか否かについても問題となる。

この点、電子船荷証券記録の発行時点では荷受人が確定していないこともあり、MLETR 第7条第2項も電子的移転可能記録の発行時点で全ての利害関係者の同意を得ることまで求めるものではないとも考え得ることに加えて、実際上も、荷受人には荷送人との間の契約を締結する際に電子船荷証券記録の使用を受け入れるか否かを決定する機会があり得ることなどを考慮し、電子

船荷証券記録の発行について荷受人の承諾を法律上の要件とはしないこととしている（注）。

　（注）電子船荷証券記録を利用するには運送人又は船長（発行する者）と荷送人又は傭船者（発行を受ける者）の合意が必要であるとする趣旨に鑑みれば、荷受人は、荷送人に対して電子船荷証券記録を利用する契約上の義務を当然には負わないと整理することができるものと考えられる。もっとも、このように考える場合には、荷受人が電子船荷証券記録の支配の移転を受けることを拒絶することにより、商法第７６３条に相当する規定による運送品の引渡しと同一の効力が生じないこととなる。部会の審議の中では、そのことの是非についての問題提起もされたところではあるが、通常であれば、荷受人となる者の意向も踏まえた上で電子船荷証券記録の発行が検討されるであろうし、仮に、予期に反して電子船荷証券記録の利用が拒絶された場合には、紙の船荷証券への転換が検討されることになるものと考えられる。

⑷　受取船荷証券及び船積船荷証券に相当する電子船荷証券記録

　ア　受取船荷証券に相当する電子船荷証券記録及び船積船荷証券に相当する電子船荷証券記録を規律すること

　　　船荷証券については、荷送人又は傭船者の請求により、運送品の船積み後遅滞なく、船積船荷証券を交付することが運送人又は船長に義務付けられており（商法第７５７条第１項前段）、運送品の船積み前においても、その受取後は、荷送人又は傭船者の請求により、受取船荷証券を発行することが運送人又は船長に義務付けられており（同項後段）、受取船荷証券が発行された後に船積みが行われた場合には、受取船荷証券の全部と引換えでなければ船積船荷証券の交付を請求することができないとされているところ（同条第２項）、試案では、電子船荷証券記録についても、受取船荷証券に相当する電子船荷証券記録（受取電子船荷証券記録）と船積船荷証券に相当する電子船荷証券記録（船積電子船荷証券記録）を規律することとしている。

　イ　受取電子船荷証券記録が既に発行されている場合における船積船荷証券又は船積電子船荷証券記録の発行に係る規律

　　　受取電子船荷証券記録が既に発行されている場合において、船積船荷証券又は船積電子船荷証券記録の発行に係る規律をどのようにするかという点については、(a)荷送人又は傭船者に船積電子船荷証券記録の発行を請求する権利まで認めるか否か、(b)荷送人又は傭船者に商法第７５７条第１項に基づく紙の船積船荷証券の交付を請求する権利を維持するか否か、(c)商法第７５８条第２項に相当する規律を設け、運送人又は船長が既に発行されている受取電子船荷証券記録への追加記録をすることによって対応することを認めるか否かによって、理論的には様々なパターンが考えられるところである。

　　　試案では、この(a)、(b)及び(c)に関して、

　　　甲案：(a)を否定し、(b)及び(c)を肯定する考え方

　　　乙案：(a)及び(c)を肯定し、(b)を否定する考え方

　を示すこととしているが、このほかに、

　　丙案：(a)及び(c)を否定し、(b)を肯定する考え方
　　丁案：(a)、(b)及び(c)をいずれも肯定する考え方
なども考えられるところである。

　甲案は、受取船荷証券及び受取電子船荷証券記録と船積船荷証券及び船積電子船荷証券記録とは別のものであることを重視し、荷送人又は傭船者は、船積電子船荷証券記録の発行を請求する権利まではなく、紙の船積船荷証券の交付を請求する権利があるとするものであり、前記(1)の考え方とも整合的であるように考えられる。また、商法第７５８条第２項は、運送人又は船長に既存の媒体の流用を認めるというものであるところ、受取電子船荷証券記録が発行されている場合であっても、既存の媒体が存在する点は同様であるため、同項に相当する規律を設けることが相当であると考えるものである。

　これに対して、乙案は、荷送人又は傭船者に船積電子船荷証券記録の発行を請求する権利を認める一方で、紙の船積船荷証券の交付を請求する権利は認めないというものであり、運送品の受取時に受取電子船荷証券記録の発行に同意したという当事者の意思を重視し、船積み後についても、電子船荷証券記録と船荷証券の転換の規律によらない限り、電子船荷証券記録の利用しか認めないという考え方である。

　丙案は、電子船荷証券記録の発行を請求する権利を認めないのであれば、商法第７５８条第２項に相当する規律を設けるに当たっても、受取電子船荷証券記録に追加記録をすることで対応することを認めるには荷送人又は傭船者の承諾を必要とすべきであると考えるものであり、電子船荷証券記録の発行には荷送人又は傭船者の承諾を必要とするという点においては、前記(1)の考え方とも一貫しているが、上記のとおり、商法第７５８条第２項が既存の媒体の流用を認めるというものであることに鑑みれば、その点においては、同条項の趣旨が貫徹されていないとも考えられる（注１）。

　また、丁案は、受取電子船荷証券記録が発行された後であっても、荷送人又は傭船者に、船積船荷証券及び船積電子船荷証券記録のいずれについても発行請求権を認めるものである。このように、荷送人側の選択肢を広く認めつつ、その一方で、商法第７５８条第２項に相当する規律を置くことで、運送人においても、受取電子船荷証券記録への追加記録をすることによって対応することを認めるというものである（注２）。

　部会では、受取電子船荷証券記録の発行に運送人又は船長と荷送人又は傭船者とが合意し、現に受取電子船荷証券記録が発行された以上、船積み後においても、船積電子船荷証券記録を発行することが当事者の意思にかなっていることが通常であるように思われることからすれば、改めて両者の合意を必要とせずに、荷送人又は傭船者に船積電子船荷証券記録の発行請求権を認めることが自然であるとして乙案を支持する意見が出た一方で、受取電子船荷証券記録が発行された場合において、船積電子船荷証券記録を発行することが当事者の意思にかなっているのであれば、甲案のように改めて両者の合意が必要であるとしても問題はなく、試案の規律がもっともシンプルで分か

りやすいのではないかとの意見もみられたところである。

　　また、部会の中では、そもそも現在の実務では、運送品の受取時に受取船荷証券を発行し、船積み後に改めて船積船荷証券を発行したり、受取船荷証券の返還を受けてそこに船積みがあった旨の追加記載をしたりするようなことはほとんど行われていないため、いずれの案によっても実務に影響はほとんどないのではないかとの意見もみられたところである。

（注１）丙案をとる場合には、甲案の①から④までの規定に加えて、後記２②の規定に代えて、以下のような規定を設けることになると考えられる。

　　　　受取電子船荷証券記録の支配の移転又は消去その他当該受取電子船荷証券記録の利用及び支配の移転をすることができないようにする措置と引換えに船積船荷証券の交付の請求があったときは、運送人又は船長は、荷送人又は傭船者の承諾を得て、その受取電子船荷証券記録に船積みがあった旨を記録して、船積電子船荷証券記録の発行に代えることができる。この場合においては、商法第７５８条第１項第７号及び第８号に掲げる事項をも記録しなければならない。

（注２）丁案をとる場合には、以下のような規定を設けることになると考えられる。

①　運送人又は船長は、船積船荷証券又は受取船荷証券の交付に代えて、荷送人又は傭船者の承諾を得て、船積みがあった旨を記録した電子船荷証券記録（以下「船積電子船荷証券記録」という。）又は受取があった旨を記録した電子船荷証券記録（以下「受取電子船荷証券記録」という。）を荷送人又は傭船者に発行することができる。

②　受取船荷証券の発行に代えて受取電子船荷証券記録が発行された場合には、運送人又は船長は、荷送人又は傭船者の請求により、運送品の船積み後遅滞なく船積電子船荷証券記録を発行しなければならない。この場合には、当該受取電子船荷証券記録の支配の移転又は消去その他当該受取電子船荷証券記録の利用及び支配の移転をすることができないようにする措置と引換えでなければ、船積電子船荷証券記録の発行を請求することができない。

③　受取船荷証券の発行に代えて受取電子船荷証券記録が発行された場合には、当該受取電子船荷証券記録の支配の移転又は消去その他当該受取電子船荷証券記録の利用及び支配の移転をすることができないようにする措置と引換えでなければ、船積船荷証券の交付を請求することができない。

④　運送人又は船長は、第１項又は第２項の規定により電子船荷証券記録を発行したときは、船荷証券を交付したものとみなす。

⑤　前４項の規定は、運送品について現に海上運送状が交付されているときは、適用しない。

⑥　後記２②の規定に代えて、以下の規定を設ける。

　　　　受取電子船荷証券記録の支配の移転又は消去その他当該受取電子船荷証券記録の利用及び支配の移転をすることができないようにする措置と引換えに船積船荷証券の交付又は船積電子船荷証券記録の発行の請求があったときは、その受取電子船荷証券記録に船積みがあった旨を記録して、船積船荷証券の作成又は船積電子船荷証券記録の発行に代えることができる。この場合にお

11

いては、商法第７５８条第１項第７号及び第８号に掲げる事項をも記録しなければならない。

⑸　受取電子船荷証券記録と引換えに船積船荷証券の交付又は船積電子船荷証券記録の発行を請求する場合における「引換え」の意義

受取電子船荷証券記録と引換えに船積船荷証券の交付又は船積電子船荷証券記録の発行を請求する場合における「引換え」の意義については、受取電子船荷証券記録の支配の移転（「支配の移転」の内容については、後記３⑸参照）との引換えとすることが考えられるが、受戻証券性に関する商法第７６４条に相当する規律（後記第６の２⑹参照）と同様に、引換えの内容を電子船荷証券記録の支配の移転に限定するのではなく、「電子船荷証券記録の支配の移転又は消去その他当該電子船荷証券記録の利用及び支配の移転をすることができないようにする措置」との引換えとすることとしている。

⑹　船荷証券を交付したものとみなす旨の規律

試案においては、甲案及び乙案のいずれにおいても、「電子船荷証券記録を発行したときは、船荷証券を交付したものとみなす。」旨の規定を設けることを提案している。

これは、電子船荷証券記録を発行した場合においては、商法第７５７条第１項の船荷証券の発行義務を履行したこととなり、その後、荷送人等が商法第７５７条第１項に基づき船荷証券の発行を改めて請求することができなくなることを明確化することを意図するとともに、船荷証券を交付したものとみなされることにより、商法第７７０条第４項の規定により海上運送状の規定が適用されなくなることを明確化することを意図したものであり、海上運送状に関する商法第７７０条第３項後段に倣ったものである。

なお、電子船荷証券記録の効力等に関する規律として、「運送人又は船長は、電子船荷証券記録を発行したときは、船荷証券を作成及び交付したものとみなす。」旨の規定を設けることとする場合には（後記第６の１の甲案の第２項）、別途この規定を置く必要はないとも考えられる。

⑺　海上運送状が交付されている場合の適用除外規定

試案においては、甲案及び乙案のいずれにおいても、「前●項の規定は、運送品について現に海上運送状が交付されているときは、適用しない。」旨の規定を設けることとしている。

これは、海上運送状（商法第７７０条第３項の規定により電磁的方法によって提供される場合も含む。）と船荷証券（電子船荷証券記録を含む。）とは択一的な関係にあり、現に海上運送状が交付されているときには、電子船荷証券記録の規定が適用されなくなることを明確にすることを意図したものであり、商法第７５７条第３項に倣ったものである。

もっとも、部会においては、甲案において、「運送人又は船長は、船積船荷証券又は受取船荷証券の交付に代えて、（略）電子船荷証券記録（略）を荷送人又は傭船者に発行することができる。」と定める以上、電子船荷証券記録が発行された場合には、あえて独自の規定を設けずとも、商法第７５７条第３

項が適用されることで足りるのではないかとの意見もみられたところである
（もっとも、受取電子船荷証券記録の発行請求権を認める乙案を採用する場
合には、別途規律を設けることが必要であるとも考えられる。）。

2　電子船荷証券記録の記録事項

①　電子船荷証券記録には、商法第７５８条第１項各号に掲げる事項（同項第１
１号に掲げる事項を除き、受取電子船荷証券記録にあっては、同項第７号及
び第８号に掲げる事項を除く。）を記録しなければならない。

②　受取電子船荷証券記録の支配の移転又は消去その他当該受取電子船荷証券記
録の利用及び支配の移転をすることができないようにする措置と引換えに船
積船荷証券の交付の請求があったときは、その受取電子船荷証券記録に船積
みがあった旨を記録して、船積船荷証券の作成に代えることができる。この
場合においては、商法第７５８条第１項第７号及び第８号に掲げる事項をも
記録しなければならない。

（補足説明）

⑴　電子船荷証券記録の記録事項に関する規定

　　紙の船荷証券においては、比較的ゆるやかな要式証券性が認められ、商法
第７５８条第１項各号に掲げる事項の一部を欠いても有効であると解される
場合があると考えられており（大判昭和７年５月１３日大民集１１巻９４３
頁等）、電子船荷証券記録においても同様の解釈が維持されるようにすること
が相当であると考えられることから、電子船荷証券記録の記録事項について
も、商法第７５８条第１項と同様の規定ぶりとすることにしている。

⑵　複数通発行

　　もともと紙の船荷証券について数通発行が認められている理由としては、
証券を送付する途中での紛失や延着に備えるためであると考えられており、
現在でも、その割合は定かではないものの、３通程度を一組として船荷証券
を発行する実務が残っているようである。

　　もっとも、紙の船荷証券についても原本が複数発行されることによる弊害
は小さくない旨の指摘がされてきていることに加えて、紙の船荷証券とは異
なり、電子船荷証券記録を紛失したりするということは通常では考え難い。
そのため、電子船荷証券記録の数通発行を認める必要性はなく、むしろ、複
数の原本が流通する可能性があることにより、かえって法律関係が複雑にな
り、取引の安全が害される危険性が生じることになるとも考えられる。

　　他方で、MLETR では、原本（original）に関する機能的同等性の規定を置い
ておらず、複本（multiple originals）についての規定も存在していないため、
同一の権利に対する複数の電子的移転可能記録を発行することは必ずしも禁
止されておらず、複数通発行については中立的な立場をとっていると考えら
れる。また、イギリスの Law Commission 報告書においても、紛失リスクなど
紙の貿易文書において複数通発行が認められる理由は電子貿易文書には当て

はまらず、電子貿易文書がセットで発行される必要はない旨の意見を示しつつも（Law Commission 報告書 para9.45）、複数通発行の有無・要否は実務が決めることであるとして、電子貿易文書について殊更に複数通発行を禁止する旨の規定を設けたり、反対に、複数通発行ができることを電子貿易文書の法律上の要件とすることはしないという立場が示されている（Law Commission 報告書 para9.43、9.45）。

　しかしながら、電子的移転可能記録や電子貿易文書に関する一般法の形をとり、個々の対象についての記録事項を法文に明記することはしていない又はしない方向で考えている MLETR や Law Commission 草案とは異なり、主に商法を改正することによって船荷証券の電子化についての規律を設けることを予定している我が国においては、船荷証券の記載事項に関する規定（商法第７５８条第１項第１１号）や複数通発行された場合の規定（商法第７６５条から第７６７条まで）に相当する規律を設けるか否かを検討するに当たり、複数通発行することの可否を明確にすることが求められているといえる。そうすると、先に述べたように、電子船荷証券記録の数通発行を認める必要性はなく、これを認めることにより、かえって法律関係が複雑になり、取引の安全が害される危険性が生じることになることを考慮し、電子船荷証券記録については複数通発行を認めないこととし、複数通発行に関する事項を電子船荷証券記録の記録事項から除外することが相当であると考えられる。そのため、試案では、電子船荷証券記録については複数通発行を認めないこととし、複数通発行に関する事項（商法第７５８条第１項第１１号）を電子船荷証券記録の法定記録事項から除外することとしている。

⑶　「作成地」

　紙の船荷証券については、その法定記載事項として「作成地」の記載が求められ（商法第７５８条第１項第１２号）、実務上、船荷証券に署名した地等を「作成地」として記載することが通常であるところ、電子船荷証券記録については、「作成地」を観念することができないとしてその記録事項から除外すべきか否かが問題となる。

　この点について、部会では、電磁的記録である電子船荷証券記録についての「作成地」は必ずしも明確ではないことからすれば、「作成地」を法定記録事項としないことも十分に考えられ、更に進んで、紙の船荷証券と電子船荷証券記録の規律を合わせるという観点からは、紙の船荷証券についての法定記載事項を定める商法第７５８条第１項から「作成地」（同項第１２号）を削除することも考えられるのではないかとの意見も出たところである。

　しかしながら、その一方で、(i)紙の船荷証券に関してその方式等に関する国際私法上の準拠法の決定の連結点として、発行地（作成地）が重要な意義を持つ場合があるところ、電子船荷証券記録についても準拠法決定の連結点として発行地（作成地）が意味を持つことになる可能性が十分にあることや、(ii)電磁的記録について現時点で「作成地」の解釈が一義的に明らかであるとまではいえないとしても、抽象的にその作成地を観念することは不可能で

はなく、現に既存の規約型の電子式船荷証券においては作成地・発行地（Place of Issue）が記録事項となっているものもあることなど、「作成地」を記録させることには一定の意義があるといった指摘もみられた。さらに、海上運送状に記載すべき事項を電磁的方法により提供する場合においても、「作成地」は除外されていない（商法第770条第2項及び第3項）。

　これらの指摘等を踏まえて、試案では、「作成地」を電子船荷証券記録の法定記録事項として残すこととしている。

　なお、前記のとおり、電子船荷証券記録の記録事項についても、紙の船荷証券と同様に比較的ゆるやかな要式証券性を維持することを想定しているため、電子船荷証券記録の記録事項としての「作成地」についても、要式証券性との関係では、紙の船荷証券の記載事項としての「作成地」と同様の解釈を維持することを企図している。

　また、「作成地」という用語に関して、電磁的記録が対象となることに鑑みれば、「発行地」や「発出地」といった用語を用いることも考えられる旨の意見もみられたが、我が国の法制上も、「電磁的記録」を「作成」という動詞の目的語とする用例は珍しくない上（会社法第26条第2項等）、あえて用語を改めることによって、かえって船荷証券の記載事項である「作成地」とは異なる解釈を誘因してしまう可能性も否定できないように考えられるし、海上運送状に記載すべき事項を電磁的方法により提供する場合においても「作成地」の用語は改められていないこと（商法第770条第2項及び第3項）を踏まえ、試案では、商法第758条第1項第12号をそのまま引用することとしている。

⑷　その他の事項

　部会においては、①電子船荷証券記録について、指図式の電子船荷証券記録、記名式であって電子裏書を禁止する旨の記録がされている電子船荷証券記録、それら以外の電子船荷証券記録といった類型が観念されるのであれば（後記第5参照）、いずれの類型に属するかについても法定記録事項とすることが相当ではないか、②船荷証券に記載すべき事項が記録された電磁的記録が作成された場合には、それが電子船荷証券記録であるのか、電磁的方法によって提供される海上運送状であるのかを区別することが困難であるため、それが電子船荷証券記録であることを明らかにするために、「船荷証券の交付に代えて電子船荷証券記録を発行する旨」を電子船荷証券記録の記録事項とすることも考えられるのではないか、との意見もみられたところである。

　もっとも、このような問題は、紙の船荷証券の場合にも生じ得るところ、紙の船荷証券においてはその記載事項とはされず、電子船荷証券記録においては特にその記録事項とすると、当該事項は、他の記録事項のようにゆるやかな要式証券性が認められる事項ではなく、当該事項の記録を欠くと無効となる性質のものであると評価される可能性も否定することができない。その場合には、これらの記録を欠くと、他の要件を満たしていたとしても、電子船荷証券記録とは認められないこととなる。さらには、船荷証券の電子化に

関する国内法を有する他国でこのような記録を必要としていない場合には、その他国では船荷証券と機能的同等性を認められる電磁的記録が我が国では機能的同等性が認められないことになる可能性もある。そのため、試案では、これらを法定記録事項とはしていない。

⑸　船積みがあった旨を記録した電子船荷証券記録

受取電子船荷証券記録と船積電子船荷証券記録とをそれぞれ規律することとした場合において、受取電子船荷証券記録を発行した者が、当該受取電子船荷証券記録に船積みを行ったこと等の追加記録をすることができるようなシステムが利用される可能性もある。

そこで、商法第７５８条第２項に相当する規律を設け、運送人又は船長が既に発行されている受取電子船荷証券記録への追加記録をすることによって対応することを認めるか否かを検討する必要があるところ、試案では、前記１の甲案の規律を前提として、船積船荷証券の交付の請求を受けた運送人又は船長は、船積船荷証券の作成に代えて、受取電子船荷証券記録に船積みがあった旨を追加的に記録することができるものとしている。

⑹　追加記録

ア　MLETRにおいては、「この法は、電子的移転可能記録に、移転可能な証書又は文書に含まれている情報に追加して情報を含むことを排除するものではない。」という追加記録に関する総則的な規定が定められている（MLETR第６条）。

このことからすれば、我が国においても、電子船荷証券記録について、商法第７５８条第１項各号に規定する事項以外の事項についての記録や発行後に新たに記録を追加することなどに関して、総則的にその要件や効果を定める旨の規定を設けることも考えられる。

しかしながら、そのような規律を設けると、商法第７５８条第１項各号に規定する事項以外の事項についての記録にも当然に一定の効力が認められると解されたり、電子船荷証券記録の支配の有無にかかわらず記録された事項を改変することができるものと解されたりするなどの誤解を招く可能性も否定できない。また、追加記録として認められる場合を法律又はその委任を受けた省令において網羅的に列挙することも考えられるが、そのような方法による場合、列挙された事項については常に記録されたとおりの効果が認められ、列挙されない事項については常に無効であると解される可能性も否定できず、紙の船荷証券における裏面約款のように、船荷証券や電子船荷証券記録の規定とは別にその効力の有無が判断されることが相当であるような事項について、かえって不適切な帰結が導かれる可能性も否定できない。

翻って考えてみると、紙の船荷証券においては、実務上、表面に証券番号、信用状情報、着荷通知先などの情報が記載されたり、裏面にも約款が記載されたりするなど、法定記載事項以外の追加的な記載がされているものの、商法上、裏書に関する事項のほかに商法第７５８条第１項各号に規定する事項以外の事項の記載に関する規定はなく、各追加記載の適否などは実務の積み

　　重ねの中で形成されてきたものといえる。

　　　以上を踏まえると、電子船荷証券記録についても、追加記録については特段の規律を設けないとするのが相当であると考えられる。

　イ　もっとも、このことは、電子船荷証券記録について、商法第７５８条第１項各号に規定する事項以外の事項を記録することや発行後に記録を追加することを禁じることを意味するものではなく、これらの記録がされること自体は、その法的効果はともかく、許容されるものと考えられる。また、受取船荷証券に相当する電子船荷証券記録の発行後に当該電子船荷証券記録に船積みがあった旨を追加記録する場合（第２項）のように、法が当然に予定している追加記録に関しての効果については、個別的に規律を設けることとしている。

3　「支配」概念の創設及び関連概念の定義

⑴　「支配」概念の定義

　　電子船荷証券記録の「支配」という新たな概念を創設することとし、その定義として、次のいずれかの案によるものとする。

　【甲案】

　　　「電子船荷証券記録の支配」については、「当該電子船荷証券記録を〔排他的に〕（注１）利用することができる状態」と定義する。

　【乙案】

　　　「電子船荷証券記録の支配」の内容について、法律上は定義を設けない。

⑵　「電子船荷証券記録の発行」の定義について

　　電子船荷証券記録の発行については、「電子船荷証券記録を作成し、当該電子船荷証券記録の支配が荷送人又は傭船者に〔排他的に〕（注１）属することとなる措置」と定義する（注２）。

⑶　「電子船荷証券記録の支配の移転」の定義について

　　電子船荷証券記録の支配の移転については、「電子船荷証券記録の支配を他の者に移転する措置であって、当該他の者に当該電子船荷証券記録の支配が〔移転／排他的に属〕（注１）した時点で、当該電子船荷証券記録の支配を移転した者が当該電子船荷証券記録の支配を失うもの」と定義する（注２）。

　（注１）⑴の甲案を採用しつつもその定義の中に支配の排他性を求めない場合又は乙案を採用する場合には、「電子船荷証券記録の発行」及び「電子船荷証券記録の支配の移転」の定義の中で排他性を別途規律することなどを通じて、電子船荷証券記録の支配が排他的であることを規律していくことが考えられる。

　（注２）電子船荷証券記録の発行及び支配の移転については、一定の技術的要件を満たす必要があることを想定しており、当該技術的要件については、後記第３で取り扱うものとする。

（補足説明）

　⑴　電子化された船荷証券を「物」、「有価証券」、「船荷証券」とすることの可否

　電子化された船荷証券（電子的船荷証券記録）の法的位置付けを考えるに当たっては、まず、電子的船荷証券記録を「有価証券」である「船荷証券」そのものとすることができるか否かを検討する必要がある。

　仮に、電子的船荷証券記録を「船荷証券」そのものとすることができるものと整理する場合には、「船荷証券」の方式として電磁的記録を媒体とすることを認める方向で検討することになると考えられる。

　この点、イギリス提出法案においては、「人は電子取引文書を占有し、裏書し及び占有を喪失し得る」と規定するとともに（第3条第1項）、「電子取引文書は、動産担保に関するスコットランド議会のあらゆる法律の適用上、動産として扱われるものとする。」と規定されており（第3条第4項）、電磁的記録たる電子取引文書についても動産と同等に占有や担保設定の対象となる旨を規定しているように見受けられる。

　しかしながら、我が国の法体系は、電磁的記録を「物」、「有価証券」、「船荷証券」そのものとすることは想定していないように考えられる。すなわち、我が国の民事基本法の中心となる民法では、第3編第1章第7節において有価証券に関する一般的な規定を設けているが、そこでは、「占有」、「所持人」、「証券」、「記載」、「交付」など、原則として有体物を前提とした規定が設けられているほか、指図証券の譲渡の際の裏書の方式に関しても、書面であることが前提である手形法の規定が準用されている（民法第520条の3）。また、民事執行法においても、「動産（登記することができない土地の定着物、土地から分離する前の天然果実で一月以内に収穫することが確実であるもの及び裏書の禁止されている有価証券以外の有価証券を含む。以下この節、次章及び第四章において同じ。）」と規定され（民事執行法第122条第1項）、裏書が禁止されていない有価証券については、動産執行の対象となるものとされ、有体物であることが前提とされている。

　また、MLETR も「電子的移転可能記録」に「移転可能な証書又は文書」との機能的同等性を持たせるという枠組みの中で、「占有」に代わる「支配（control）」という概念を創出していることに鑑みても、電磁的記録を「物」、「証書」、「文書」そのものとすることは想定していないように考えられるところであり、そうだとすると、電子的船荷証券記録を「有価証券」である「船荷証券」そのものとすることができないものと整理しても、MLETR との関係で齟齬又は矛盾が生じるものではないと考えられる。

　部会においても、電子的船荷証券記録を「有価証券」である「船荷証券」そのものとは整理しないことについては異論がみられなかったところであり、試案においても、全体として、電子的船荷証券記録は、「物」、「有価証券」、「船荷証券」そのものではないという考え方を前提としている。

⑵　「支配」概念の創設

　上記のとおり、電子船荷証券記録について、それ自体は民法上の「物」に該当しないとする場合には、電子船荷証券記録そのものに「占有」を観念することはできない。

　また、電子船荷証券記録に関して債権や特許権等の無体財産権と同様に「準占有」の概念の利用を認めるという考え方もあり得るところではある。もっとも、電子船荷証券記録に「準占有」を認める場合には、民法第２編第２章の占有権に係る規定（民法第１８０条から第２０５条までの各規定）が準用されることとなるが（民法第２０５条）、その場合には、占有改定（民法第１８３条）や指図による占有移転（民法第１８４条）等の規定も準用の対象となり、「準占有」によって電子船荷証券記録に係る法律関係を規律すると、かえって複雑化するおそれも否定できない。したがって、民法上の「準占有」によって電子船荷証券記録に係る法律関係を規律することも相当ではない。

　しかしながら、その一方で、電子船荷証券記録について紙の船荷証券との機能的同等性を認めるためには、電子船荷証券記録について排他的に支配する状態を観念する必要がある。また、MLETR においても、物理的な「占有」又は「所持」に相当する概念として、"control" という概念を用いており（MLETR 第１１条）、このような概念を新たに創設することは MLETR の考え方とも親和的であると考えられる。

　そこで、試案においては、電子船荷証券記録の「支配」を新たな概念として創設することにすることとしている。

⑶　「電子船荷証券記録の支配」の定義

　ア　はじめに

　　前記⑵のとおり、MLETR においては、物理的な「占有」又は「所持」に相当する概念として、"control" という概念を用いており、電子船荷証券記録の「支配」についても、「占有」又は「所持」に相当するものとして、電磁的記録についての事実状態を示す概念として捉えることについては、部会の中でも特段の異論はみられなかったところである。もっとも、この「電子船荷証券記録の支配」を具体的にどのように規律するのかという点に関しては、部会においても様々な意見がみられたところであり、試案においては、甲案及び乙案の２つの案を示している。

　イ　甲案

　　甲案は、「電子船荷証券記録の支配」について、「当該電子船荷証券記録を〔排他的に〕利用することができる状態」と定義するものである。

　　MLETR では、「支配（Control）」そのものの定義規定までは置いていないものの、その補足説明の中で、「『支配』とは事実に関する概念であり、その支配の適法性や正統性は問わない。適法性が認められるかどうかは実体法の問題である」といった説明がされている（MLETR の Explanatory Note の para.111、114）。そのような考え方を踏まえ、甲案では、一定の権限を有することを前提とするものではなく、単なる事実状態であることを明確にする趣旨で、「利用」という事実上の行為であることと親和的な用語を用いることとしている。

　　また、MLETR においては、「ある者によるその電子的移転可能記録への排他的な支配が確立されていること」（MLETR 第１１条第１項(a)）と規定され

ており、「支配」という概念そのものは排他性を内包してないものの、排他的でない支配という概念の存在は想定されていないものと考えられることからすると、「電子船荷証券記録の支配」の定義規定を置くのであれば、それが排他的なものであることを端的にその定義に含めることも考えられ、その場合には、「当該電子船荷証券記録を排他的に利用することができる状態」と規律することが考えられるところである（なお、「排他的に」という用語は、「独占的に」といった用語とすることも考えられる。）。

　他方、MLETR との平仄から、「支配」という概念そのものは排他性を内包しないこととする場合には、「支配」の定義は、「当該電子船荷証券記録を利用することができる状態」とした上で、「電子船荷証券記録の発行」及び「電子船荷証券記録の支配の移転」の定義の中で排他性を別途規律することなどを通じて、排他的であることを規律していくことが考えられる。

　この甲案について、部会では、電磁的記録を客体として「利用」という動詞を用いることは自然であるといった意見もあった一方で、(a)「利用」という言葉の持つ一般的な意味合いからすると、電子船荷証券記録の発行者である運送人が発行後に電子船荷証券記録の内容等を確認する行為なども「利用」に含まれ得るといえ、想定している「支配」概念と必ずしも合致しないのではないかとの意見や、(b)有体物の「占有」を基礎付ける「所持」という概念について法律上の定義があるわけではないものの、一般的に、この「所持」については、「物が社会的観念上その人の事実的支配に属すると認められる客観的関係」などと説明されているところであり、「所持」という概念の構成要素の主要な部分に「支配」という概念が含まれることに鑑みても、有体物に対する「占有」や「所持」に相当する電磁的記録に対する「支配」をさらに具体的に定義付けることは難しいのではないかといった意見もみられたところである。

ウ　乙案

　乙案は、「電子船荷証券記録の支配」については、法律上特段の定義は設けないというものである。

　前記イのとおり、MLETR においては、「支配（Control）」そのものの定義規定までは置いていない。また、我が国の法制上、電磁的記録に対する「支配」という用例はないものの、「経営を支配」、「活動を支配」、「運航を支配」など、物以外のものに対して一定の評価を含む概念として「支配」という用語を用いている例は多く、また、その具体的な内容についての定義規定を置いていない例も少なくない（労働組合法第７条第３号、私的独占の禁止及び公正取引の確保に関する法律第２条第５項等）。

　無体財産権たる特許権や著作権等の知的財産権についても、我が国の法令上、「権利を専有する」という用例が多く用いられているが（著作権法第２１条等、特許法第６８条等、実用新案法第１６条等）、法令上、この「専有」という概念については、特段の定義規定は置かれず、解釈に委ねられている。

　さらに、部会の中でも指摘があったように、有体物に対する「占有」を構

成する「所持」についても、その概念の内容として、「支配」という用語が一般的に用いられているところである。

　以上を踏まえると、一般用語として、電磁的記録に対する「支配」という状態を観念することもできるように考えられ、「電子船荷証券記録の支配」という概念について、特段の定義を設けずに、解釈に委ねることも考えられる。

　なお、前記のとおり、「電子船荷証券記録の支配」は排他的なものとする必要があるところ、乙案のように「電子船荷証券記録の支配」の定義規定を置かない場合には、電子船荷証券記録の発行の定義を「電子船荷証券記録を作成し、当該電子船荷証券記録の支配が荷送人又は傭船者に排他的に属することとなる措置」とし、電子船荷証券記録の支配の移転の定義を「電子船荷証券記録の支配を他の者に移転する措置であって、当該他の者に当該電子船荷証券記録の支配が排他的に属した時点で、当該電子船荷証券記録の支配を移転した者が当該電子船荷証券記録の支配を失うもの」とすることなどを通じて、排他的であることを規律していくことが考えられる。

⑷　「電子船荷証券記録の発行」の定義

　船荷証券の発行に相当する電子船荷証券記録の発行は、電子船荷証券記録が作成され、かつ、それに対する支配が荷送人又は傭船者に帰属する状態を意味すると考えられる。

　そのため、電子船荷証券記録の発行については、「電子船荷証券記録を作成し、当該電子船荷証券記録の支配が荷送人又は傭船者に属することとなる措置」と定義することとしている（注）。

　なお、この発行は一定の技術的要件を満たす必要があることを想定しており、当該技術的要件については、後記第3で取り扱うものとする。

　（注）　前記⑶のとおり、「電子船荷証券記録の支配」の定義を設けない場合やその定義の中でその排他性を規律しない場合には、この「電子船荷証券記録の発行」の定義の中で排他性を規律することが考えられる。

⑸　「電子船荷証券記録の支配の移転」の定義

　電子船荷証券記録の支配に排他性を認めようとする場合には、電子船荷証券記録の譲渡人と譲受人との間に同時に「支配」が認められることは相当ではない。

　そこで、電子船荷証券記録の支配の移転については、「電子船荷証券記録の支配を他の者に移転する措置であって、当該他の者に当該電子船荷証券記録の支配が移転した時点で、当該電子船荷証券記録の支配を移転した者が当該電子船荷証券記録の支配を失うもの」と定義することとしている（注）。

　（注）　前記⑶のとおり、「電子船荷証券記録の支配」の定義を設けない場合やその定義の中でその排他性を規律しない場合には、この「電子船荷証券記録の支配の移転」の定義の中で排他性を規律することが考えられる。

第３　電子船荷証券記録の技術的要件

１　電子船荷証券記録の定義及び信頼性の要件以外の技術的要件

電子船荷証券記録については、次のように定義及び技術的要件（信頼性の要件を除く。）を定める。

「電子船荷証券記録」とは、商法第●条（注：前記第２の１の規定）の規定により発行される電磁的記録（電子的方式、磁気的方式その他人の知覚によっては認識することができない方式で作られる記録であって、電子計算機による情報の処理に供されるものをいう。）であって、次の各号のいずれにも該当するものをいう。

一　電子船荷証券記録上の権利を有することを証する唯一の記録として特定されたもの

二　電子船荷証券記録の支配をすることができるものであって、その支配をする者を特定することができるもの（注）

三　商法第●条（注：前記第２の３(3)の規定）に規定する電子船荷証券記録の支配の移転をすることができるもの

四　通信、保存及び表示の通常の過程において生ずる変更を除き、電子船荷証券記録に記録された情報を保存することができるもの

（注）前記第２の３(1)において甲案をとる場合には、「商法第●条に規定する電子船荷証券記録の支配を（略）」と規律することとなる。

２　技術的要件としての信頼性の要件

電子船荷証券記録の技術的要件としての信頼性の要件については、次のいずれかの案によるものとする。

【甲案】

電子船荷証券記録に関して、一般的な信頼性の要件を明示的に定めることはしない。

【乙案】

電子船荷証券記録の技術的要件として、一般的な信頼性の要件をその有効要件として明示的に定める（注）。

（注）例えば、以下のような規定を設けることが考えられる。

電子船荷証券記録の発行、電子船荷証券記録の支配の移転、電子船荷証券記録に対する電子裏書、第●条、第●条及び第●条（注：前記第２の１第２項、前記第２の２第２項、後記第４の２の甲案及び乙案の第１項、後記第６の２(6)等）に定める電子船荷証券記録の消去その他当該電子船荷証券記録の利用及び支配の移転をすることができないようにする措置、第●条（注：後記第６の２(15)）に定める電子船荷証券記録に記載された事項の提示は、信頼性のある手法が用いられなければならない。

【丙案】

電子船荷証券記録の技術的要件として、一般的な信頼性の要件をその有効要件として定めることはしないが、一般的な信頼性の要件について、例えば、次のような規定を設ける。

　電子船荷証券記録を発行する者、電子船荷証券記録に記録する者、電子船荷証券記録の支配を移転する者その他電子船荷証券記録に関する行為をする者は、〔法務省令で定める事項（注）を考慮し、〕信頼性のある手法を用い〔るように努め〕なければならない。

（注）法務省令を定める場合には、次のような内容を規定することを想定している。

　　　商法第●条に規定する法務省令で定める事項は、次に掲げる事項とする。

　　　一　電子船荷証券記録の利用に関する全ての規程の有無及び内容

　　　二　電子船荷証券記録に記録された情報の完全性を確保するための方法

　　　三　電子船荷証券記録への権限のない利用及び接続を防止するための方法

　　　四　電子船荷証券記録に用いられるハードウェア及びソフトウェアの安全性

　　　五　電子船荷証券記録に関するシステムの提供者から独立した機関による電子船荷証券記録に関するシステムに対する監査の有無、範囲及び定期性

　　　六　監督機関又は規制当局によってなされる電子船荷証券記録の信頼性に対する評価の有無及び内容

　　　七　電子船荷証券記録に関連する業界の標準的な取扱い

3　電子船荷証券記録の発行の技術的要件

　前記第2の3⑵の「電子船荷証券記録の発行」の定義を前提として、電子船荷証券記録の発行の技術的要件について、次のように定める。

　「電子船荷証券記録の発行」とは、法務省令で定める方法（注）により、電子船荷証券記録を作成し、当該電子船荷証券記録の支配が荷送人又は傭船者に〔排他的に〕属することとなる措置をいう。

（注）法務省令として、次のような内容を規定することを想定している。ただし、「電子署名」に関しては、これを要件としないことや、電子署名を行った者の識別可能性とその者の意思を示すために信頼できる手法が用いられていることのみを定めることも考えられる。

　　1　商法第●条に規定する法務省令で定める方法は、次の各号のいずれにも該当するものをいう。

　　　一　電子情報処理組織を利用する方法その他の情報通信の技術を利用する方法であること

　　　二　電子船荷証券記録を発行する者が電子署名をするものであること

　　2　前項第2号に規定する「電子署名」とは、電子船荷証券記録に記録された情報について行われる措置であって、次の各号のいずれにも該当するものをいう。

　　　一　当該情報が当該措置を行った者の作成に係るものであることを示すためのものであること

　　　二　当該情報について改変が行われていないかどうかを確認することができるものであること

4　電子船荷証券記録の支配の移転の技術的要件

　　前記第２の３⑶の「電子船荷証券記録の支配の移転」の定義を前提として、電子船荷証券記録の支配の移転の技術的要件について、次のように定める。

　　「電子船荷証券記録の支配の移転」とは、法務省令で定める方法（注）により、電子船荷証券記録の支配を他の者に移転する措置であって、当該他の者に当該電子船荷証券記録の支配が〔移転／排他的に属〕した時点で、当該電子船荷証券記録の支配を移転した者が当該電子船荷証券記録の支配を失うものをいう。

　（注）法務省令として、次のような内容を規定することを想定している。
　　　　商法第●条に規定する法務省令で定める方法は、電子情報処理組織を利用する方法その他の情報通信の技術を利用する方法をいう。

（補足説明）

1　電子船荷証券記録の定義及び信頼性の要件以外の技術的要件

⑴　基本的な考え方

　　電子船荷証券記録の基本的な技術的要件として、「電子的方式、磁気的方式その他人の知覚によっては認識することができない方式で作られる記録であって、電子計算機による情報の処理に供されるもの」という基本的な技術的要件を規定している。

　　我が国の法制上、「電磁的記録」の定義として、「電子的方式、磁気的方式その他人の知覚によっては認識することができない方式で作られる記録であって、電子計算機による情報の処理に供されるもので法務省令で定めるもの」として、その要件の一部を法務省令に委任した上で、法務省令において、「磁気ディスクその他これに準ずる方法により一定の情報を確実に記録しておくことができる物をもって調製するファイルに情報を記録したもの」という形で記録媒体を規定するものも少なくないが、他方で、「電磁的記録」の定義として記録媒体の特定まではしない例は多くみられるところである（電子記録債権法第２条第４項等）。電子船荷証券記録に関しては、国際海上物品運送で用いられることを踏まえると、技術的中立性の観点から必要以上に技術的要件を定めることは相当ではなく、あえてこのような形で記録媒体まで特定しなくても通常問題は生じ難いと考えられる。

⑵　信頼性の要件以外の基本的な性質

ア　第１号

　　第１号に定める性質は、MLETR 第１０条第１項(b)(ⅰ)において「その電子的記録が電子的移転可能記録であると識別すること」（Singularity）が定められていることを踏まえたものである。

イ　第２号

　　第２号に定める性質は、MLETR 第１０条第１項(b)(ⅱ)において「その電子的記録が創出されたときから全ての効果又は有効性を有さなくなるまでの間、当該電子的記録を支配(Control)することができるようにすること」が定められ、第１１条第１項(b)において「その者が支配を有している者であ

ると識別すること」が定められていることを踏まえたものである。

　ウ　第3号

　　第3号に定める性質は、MLETR 第11条第2項において「法が移転可能な証書又は文書の占有の移転を要求している場合又は占有を移転することができるとしている場合、電子的移転可能記録については、その電子的移転可能記録への支配の移転によってその要求は充たされているものとする」と定められていることを踏まえ、電子船荷証券記録の支配を移転することができることをその性質として定めたものである。

　　なお、「裏書」が禁止される船荷証券に対応する電子船荷証券記録であっても、荷受人が荷送人から電子船荷証券記録の移転を受ける場面や電子船荷証券記録と引換えに運送品の引渡しを受ける場面においては、電子船荷証券記録の支配の移転を観念することができるし、紙の船荷証券における占有の移転に相当する概念として電子船荷証券記録の支配の移転すら観念することができないようなものに紙の船荷証券と同等の効力を与える必要性は乏しいとも考えられることから、これを電子船荷証券記録の技術的要件の一つとして定めることとしている。

　エ　第4号

　　第4号に定める性質は、MLETR 第10条第1項(b)(ⅲ)において「その電子的記録の完全性(Integrity)を保つこと」が定められ、第2項において「完全性を評価する基準は、その電子的移転可能記録が創出されたときから全ての効果又は有効性を有さなくなるまでの間に生じた全ての認められた変更を含むその電子的移転可能記録に含まれる情報が、通信、保存及び表示の通常の過程において生ずる全ての変更を除いて、全てそろったままかつ不変のままであるかどうかによるものとする」と定められていることを踏まえたものである。

　オ　その他

　　部会においては、第1号から第4号までの規定に掲げるこれらの技術的要件の中には、電磁的記録たる電子船荷証券記録として備えるべき性質ではなく、電子船荷証券記録を作成するシステムが備えるべき性質も含まれているのではないかとの指摘もされたところである。実際には、これらの基本的な性質の多くは、システムとして実装することが検討されるのであろうが、電子船荷証券記録が備えるべき性質と位置付けることも可能であるように思われる。

　　また、特定のシステムプロバイダーが提供するシステムによって作成された電子船荷証券記録であることを法律上の要件とすることは想定していないことも考慮すると、これらの基本的な性質は、電子船荷証券記録として備えるべきものとすることが相当であると考えられる。

　　そこで、試案では、第1号から第4号に掲げる技術的要件については、電子船荷証券記録そのものの要件として規律することとしている。

⑶　国の認証を受けた機関による関与の要否等

ア　電子船荷証券記録については、例えば、主務大臣の認証を受けた機関の
みが電子船荷証券記録を発行すること又はその代理をすることができるも
のとするということも考えられるところではある。

　　しかしながら、電子船荷証券記録は、紙の船荷証券と同様に、国際的に利
用されるものであることが想定されるところ、国の認証を受けた機関による
関与を必要的なものとしてしまうと、かえって利用がされなくなるおそれが
ある。

イ　また、主務大臣の認証を受けた機関が作成に関与した電子船荷証券記録
については、技術的要件が満たされているものと推定する旨の規律を設け
ることも考えられるところではある。すなわち、主務大臣の認証を受けた
機関を経由せずとも電子船荷証券記録を発行することができるが、主務大
臣の認証を受けた機関が発行に関与した電子船荷証券記録については技術
的要件が満たされているものと推定することにより、主務大臣の認証を受
けた機関が関与する電子船荷証券記録に一定の効果を付与するという考え
方である。

　　しかしながら、そもそも、技術的要件の具備を巡って争われるといった事
態は必ずしも多くはないものと考えられるし、電子船荷証券記録が不正に複
製されるなどして現に電子船荷証券記録を支配するかのような外観を有する
者が複数現れるといった事態が生じた場合には、推定の有無にかかわらず、
技術的要件が満たされていないと評価される可能性が高いようにも考えられ
る（このような事態が生じているにもかかわらず、主務大臣の認証を受けた
機関が関与した電子船荷証券記録であることを理由に技術的要件の具備が推
定されると解することの方がかえって問題であるとも考え得る。）。

　　さらに、主務大臣の認証を受ける機関としては我が国の企業が想定される
ところではあるが、外国からは、外国のシステムを利用した場合には必要以
上の規制があるものと判断される可能性もあるし、外国のシステムが当該外
国の認証を受けている場合をどのように考えるのかといった解釈上の問題点
も生じ得ることとなる。また、規約型の電子式船荷証券は、国際Ｐ＆Ｉグル
ープの認証を受けた上で広く利用されているという現状を踏まえると、日本
の主務大臣の認証を受けた機関が関与する電子船荷証券記録が、広く利用さ
れている規約型の電子式船荷証券よりも高い信用性を有するかのように扱わ
れることとなり、国際的な調和のとれた制度とはいい難いとの評価を受ける
可能性がある。

　　また、電子船荷証券記録の主な利用者は、国際海上物品運送に精通した者
であることが想定されるため、技術的要件の具備も含めて利用者の判断に委
ねることとしても大きな問題はないものと考えられ、公的な機関の関与は少
ない方が望ましいものと考えられる。

ウ　以上に鑑み、試案においては、国の認証を受けた機関による関与を規律
しないこととしている。

エ　ただし、国の認証を受けた機関による関与以外の方法で、電子的船荷証

券の技術的要件（試案1の第1号から第4号まで要件のほか、試案2において乙案を採用する場合には一般的な信頼性の要件を含む。）に関して、何らかのセーフティーネットとしての規定（例えば、電子船荷証券記録の利用に係る当事者がその運送契約や規約の中で一定の合意をした場合には、当該当事者間の関係では技術的要件の充足を推認する旨の規定など）を設けることは考え得るところであり、この点については引き続き検討する必要がある。

2　技術的要件としての信頼性の要件
(1)　MLETR 及びイギリス提出法案の規律
　　MLETR 及びイギリス提出法案（Law Commission 草案においても同じ。）は、電子的移転可能記録（電子取引文書）の発行等やそのシステムに関して信頼できる手法が用いられていることが求めており、さらに以下のとおり、一般的な信頼性の基準についても明文の規定が設けられている。

MLETR 第12条

　第9条、第10条、第11条、第13条、第16条、第17条及び第18条のためには、そこで言及されている手法は：

(a)以下を含む全ての関連する状況に照らして、その手法が用いられている目的である機能を果たすために適当な信頼性がなければならない。

　i.信頼性の評価に関係する全ての業務規程

　ii.データの完全性の保障

　iii.システムへの無権限のアクセス及び利用を防ぐ能力

　iv.ハードウェア及びソフトウェアのセキュリティ

　v.独立組織体による監査の定期性及び範囲

　vi.その手法の信頼性に関する監督機関、認定機関又は自主的スキームによる宣言の存在

　vii.全ての適用されうる業界の標準

(b)または、その機能を果たしたことが、それ自身により、又は、さらなる証拠と合わせて事実上証明されたものでなければならない。

イギリス提出法案第2条第5項

　第1項の規定の目的のため、あるシステムが信頼に足るものであるかどうかを決定する場合には、以下に掲げる事項を考慮することができる。

　(a)　その運用に適用されるシステムの規則

　(b)　当該システムが有する情報の完全性を確保するための方法

　(c)　当該システムへの無権限の利用又は接続を防止するための方法

　(d)　当該システムにより用いられるハードウェア及びソフトウェアの安全性

　(e)　独立機関による当該システムに対する監査の範囲及び定期性

　(f)　監督又は規制機能を有する組織によってなされる当該システムの信頼性に対する評価

> （g）当該システムに関連して適用される任意の枠組み又は業界基準に関する規定

そのため、我が国においても、同様に電子船荷証券記録の技術的要件として信頼性の要件を定めるか否か、定める場合にどのように規律するのかといった点を考える必要がある。試案においては、この点について、甲案、乙案又は丙案の３つの案を示している。

⑵　甲案

甲案は、電子船荷証券記録に関して、一般的な信頼性の要件を明示的に定めることはしないというものである。

電子船荷証券記録に対する一定の信頼性が求められることは当然の前提ではあるものの、これを独立した電子船荷証券記録の有効要件とすると、その取引においては特に問題がなかったにもかかわらず、システム上の些細な問題点を巡って後に争いが生じるおそれがある。

信頼性に欠けるシステムを使用したことにより、電子船荷証券記録の支配を移転することができないとか、それが二重に移転したような場合には、一般的な信頼性の要件を問題とするまでもなく、その他の技術的要件が否定される結果、当該電子船荷証券記録はその要件を欠くこととなるのであるから、独立して一般的な信頼性の要件が電子船荷証券記録の有効要件として問題となるといった事態は想定し難いように思われる。そのことは裏を返せば、他の技術的要件が満たされている限りは、通常は、一般的な信頼性の要件も満たしている蓋然性が高いとも考えられる。

そうすると、一般的な信頼性の要件については、これを電子船荷証券記録の有効要件として明示的に規律する必要はないものとも考えられる。

ただし、この甲案については、部会において、MLETRやLaw Commission草案において、信頼性の要件が明示的に求められていることとの関係で、外形上、国際的な調和に欠けるのではないかとの懸念も示されているところである。

⑶　乙案

乙案は、電子船荷証券記録の技術的要件の一つとして、一般的な信頼性をその有効要件として明示的に定めるというものである。

また、一般的な信頼性の要件を定めることに加えて、丙案の法務省令の第１号から第７号までのような判断要素を例示することや、MLETR 第１２条⒝のように、結果として電子船荷証券記録がその役目を終えるまでの間に問題なくその機能を果たした場合には、信頼性の要件の充足を認める又は推認するような規定や、前記１⑶エのセーフティーネットのような規定を置くことも考えられる。

しかしながら、仮に上記のような規定を設けたとしても、これを独立した電子船荷証券記録の有効要件とすることで、システム上の些細な問題点を巡って後に争いが生じるおそれがあることは否定できない。また、電子船荷証券記録のシステムを提供しようとする事業者に一定の困難を強いる面があることも否定し難いようにも思われる。

⑷　丙案

　　丙案は、電子船荷証券記録について、一般的な信頼性をその有効要件として定めることはせずに、電子船荷証券記録を発行する者、電子船荷証券記録に記録する者、電子船荷証券記録の支配を移転する者その他電子船荷証券記録に関する行為をする者に対して、信頼性のある手法を用いることを要求するというものである。電子船荷証券記録に関する行為をする者に対する一般的な義務として定めることも、訓示規定として定めることも考えられるところではあるが、仮に、前者のように考える場合であっても、実際には、特定のシステムプロバイダーが提供するシステムが、その規約に同意した者の間で用いられることが多いものと想定されるのであるから、そのような一般的な義務が問題となることはほとんどなく、結果的に、後者のように考える場合と同様になるものと考えられる。また、法務省令で判断基準に関する規定を設ける場合には、MLETR 第 1 2 条(a)の ⅰ から ⅶ までと同様の事項を定めることを想定しているが、訓示規定又は訓示規定的に機能するにとどまることが想定されていることを踏まえると、あえてこのような規定を設けることは相当ではなく、MLETR の規定を参考に信頼性の有無が判断されることになるという解釈論を整理しておくにとどめることも考えられるところである。

　　丙案は、乙案とは異なり、一般的な信頼性の要件を有効要件として定めることまではしない一方で、法令の中に信頼性のある手法を用いる旨を規律することでMLETR 等との親和性にも一定の配慮を払ったものといえる。もっとも、訓示規定として定める場合には、商法のような民事基本法において、このような訓示規定を定めることについては、慎重な検討が必要であるとも考えられる。

3　電子船荷証券記録の発行の技術的要件
⑴　電子船荷証券記録の発行の技術的要件については、今後の技術発展や諸外国での立法の動向等を踏まえて柔軟に見直しをすることができるように省令に委任することができることとしている。
⑵　その上で、省令においては、「電子情報処理組織を利用する方法その他の情報通信の技術を利用する方法であること」と「電子船荷証券記録を発行する者が電子署名をするものであること」を技術的要件として求めることを想定している。
⑶　「電子情報処理組織を利用する方法その他の情報通信の技術を利用する方法であること」については、商法第 5 7 1 条第 2 項が定める「電磁的方法」に倣っている。
　　なお、この点について、商法第 5 7 1 条第 2 項は、「電磁的方法」として「電子情報処理組織を使用する方法その他の情報通信の技術を利用する方法であって法務省令で定めるものをいう」と規定し、その委任を受けた商法施行規則第 1 3 条においては、「電磁的方法」についてさらに詳細な要件を設けているが、電子船荷証券記録に関するシステムとして具体的にどのような技術や仕組みが採用されるかは明らかではなく、技術的中立性の観点からも必要以上に

詳細に要件を定めることは、国際的な調和がとれなくなる可能性があることも否定できないことから、試案では、「電子情報処理組織を利用する方法その他の情報通信の技術を利用する方法であること」のみを求めることとしている。

⑷　また、紙の船荷証券の発行においては、運送人又は船長の署名又は記名押印が求められているため（商法第７５８条第１項柱書）、その平仄から、電子船荷証券記録の発行の場面においても、その技術的要件の１つとして、「電子署名」を求めることが考えられる。

　　試案における「電子署名」の定義は、電子署名及び認証業務に関する法律第２条の規定（会社法施行規則第２２５条も同じ。）に倣っている。この定義は、電子署名及び認証業務に関する法律の制定時に、技術的中立性の要請を受けて、その方式や方法等に着目せずに、その機能等に着目する形で規定されたものであり、電子船荷証券記録上に署名欄のような欄を設けることや電子スタンプのように署名に代わる可視的なものが画面上に表示されることまで求めるものでもない。現在ではメッセージを秘密鍵で暗号化することなどの方式が主流であるように思われるものの、それ以外の方式についても上記の効果に着目した要件を満たす限りは否定されるものではない。また、「電子船荷証券記録に記録された情報について行われる措置」とあるが、記録がされた後にそこに付加的に行われる措置である必要まではなく、記録を行う時に（同時に）一定の暗号化がされることなどを通じて、「当該情報が当該措置を行った者の作成に係るものであることを示すためのものであること」と「当該情報について改変が行われていないかどうかを確認することができるものであること」が満たされていれば足りると考えられる（「当該措置を行った者」については、電子船荷証券記録を発行する者が法人である場合には、当該法人がこれに当たるものと整理することが考えられる。）。電子署名及び認証業務に関する法律が定める認定認証事業者からの認証を受けた電子署名であることを求めるものでもない。

　　また、「電子船荷証券記録に記録された情報について行われる措置であって」、「当該情報が当該措置を行った者の作成に係るものであることを示すためのもの」と規律しているものの、これは、必ずしも物理的に当該措置を情報の記録を行った者自ら行うことが必要となるわけではなく、例えば、物理的には、電子船荷証券記録のシステムを提供する事業者が当該措置を行った場合であっても、情報の記録を行った者の意思のみに基づき、当該事業者の意思が介在することなく当該措置が行われたものと認められる場合であれば、「当該措置を行った者」は、情報の記録を行った者であると評価することができるものと考えられる。すなわち、電子船荷証券記録について、そのシステムの提供事業者自身の署名鍵により暗号化を行うこと等によって当該情報の成立の真正性及びその後の非改変性を担保しようとする形の仕組みであっても、技術的・機能的に見て、当該システム提供事業者の意思が介在する余地がなく、発行者の意思のみに基づいて機械的に暗号化されたものであることが担保されていると認められる場合であれば、「当該措置を行った者」は、

電子船荷証券記録の発行者であると評価し得るものと考えられるところである。

　なお、部会においては、①紙の船荷証券に係る「署名」について法律上の定義がないこととの平仄の観点から、電子船荷証券記録に関して「署名又は記名押印」に代わる措置を求めるとしても、法律上の定義までは定めないことも考えられるのではないかとの意見もみられたものの、これまでに長い歴史の中で用いられてきた「署名」という概念とは異なり、電磁的記録についてそれに代わる措置については比較的新しい概念であるため、法律上の定義なくその内容を観念することは困難であることや、既存の我が国の法制においても、署名又は記名押印と機能的同等性を持つものとして「電子署名」が用いられてきていることに鑑みても、電子船荷証券記録に関して「署名又は記名押印」に代わる措置を求めるものとしつつ、法律上の定義を置かないということは相当ではないように考えられる。また、試案のとおり「電子署名」の内容として求められる要件は、「当該情報が当該措置を行った者の作成に係るものであることを示すためのものであること」と「当該情報について改変が行われていないかどうかを確認することができるものであること」にすぎず、その内容には一定の抽象性が残るものではあるため、実際には実務の進展に応じて法解釈として柔軟に解決される領域も認められるように考えられるところである。

　また、部会においては、②より多くのシステムを容認するという観点や我が国が批准している船荷証券に関するある規則の統一のための国際条約の1979年の改正議定書（いわゆるハーグ・ヴィスビー・ルール）上も船荷証券への署名を明示的に求めているわけではないことからすると、発行の場面や電子裏書（後記第5参照）の技術的要件として「電子署名」を求めることまでしないという考え方もあるのではないかとの意見もみられたものの、上記のとおり、この「電子署名」の要件はそこまで厳格なものではなく、最低限なりすましなどを防止する観点からも、電子船荷証券記録の発行時に署名又は記名押印に代わるものを設けないことは相当ではないようにも考えられるところである。

　さらに、部会においては、③「電子署名」の定義として、我が国の既存の法令上の用例に従うのではなく、より MLETR 第9条に近い形で、当該電子署名を行った者の識別可能性とその者の意思を示すために信頼できる手法が用いられていることのみを明示的な要件とすべきではないかとの意見もみられた。

> MLETR 第9条
> 　法が人が署名することを要求している場合又は署名することができるとしている場合、その者を識別し、かつ、電子的移転可能記録に含まれる情報についてのその者の意思を示すために、信頼できる手法が用いられていれば、電子的移転可能記録によってその要求は充たされる。

　③の意見についても、「当該情報について改変が行われていないかどうかを確認することができるものであること」という要件を電子署名自体の独自

の要件として求めるか否かの違いはあるものの、電子船荷証券記録の技術的要件の１つとして「通信、保存及び表示の通常の過程において生ずる変更を除き、電子船荷証券記録に記録された情報を保存することができるもの」であることを求めることを前提とすると（前記第３の１の第４号）、その点に実質的差異は乏しいようにも思われ、また、その他の要件（電子署名がその記録をした者の意思を示すためのものであり、その者の識別可能性を有すること等）についても実質的な差異はないように思われるため、あえて既存の法体系上の「電子署名」と定義の形を変える必要性は高くないようにも思われる。そのため、試案では、「電子署名」を要件として求め、かつ、その定義は、電子署名及び認証業務に関する法律第２条の規定（会社法施行規則第２２５条も同じ。）に倣うことを提案している。

4　電子船荷証券記録の支配の移転の技術的要件
　⑴　電子船荷証券記録の支配の移転の技術的要件については、今後の技術発展や諸外国での立法の動向等を踏まえて柔軟に見直しをすることができるように省令に委任することができることとしている。
　⑵　その上で、省令においては、「電子情報処理組織を利用する方法その他の情報通信の技術を利用する方法であること」をその要件とすることを想定している。「電子情報処理組織を利用する方法その他の情報通信の技術を利用する方法であること」についてより具体的な規定を設けない理由については、前記４の発行の技術的要件と同様である。
　⑶　なお、電子船荷証券記録の支配の移転は、紙の船荷証券の占有の移転に相当する事実概念であるため、紙の船荷証券の占有の移転に「署名」が求められていないことと同様に、電子船荷証券記録の支配の移転についても「電子署名」は技術的要件とはしていない。

第4　電子船荷証券記録と船荷証券の転換
1　船荷証券から電子船荷証券記録への転換
　①　船荷証券が交付された場合には、当該船荷証券を交付した運送人又は船長は、当該船荷証券の所持人（注１）の承諾を得て、当該船荷証券（数通の船荷証券が交付された場合にあっては、その全部）と引換えに、電子船荷証券記録を発行することができる。この場合において、当該電子船荷証券記録には、一定の事項（注２）が記録されなければならない。
　②　前項の規定により電子船荷証券記録が発行された場合における商法第●条第●項（注：後記第６の２の⑽の第１項の規定）の規定の適用については、当該電子船荷証券記録を支配する者は、当該電子船荷証券記録の発行を受けた者が電子裏書の連続によりその権利を有したことを証明したものとみなす。
　　（注１）「当該船荷証券の所持人」の後に括弧書きを設けて一定の限定をすることが考えられるところ、括弧書きの内容については、次のいずれかの案によるものとする。
　　　【A案】当該船荷証券上の権利を適法に有する者に限る。

【B案】当該船荷証券が、裏書によって、譲渡し、又は質権の目的とすることができ
　　　　るものである場合にあっては、裏書の連続によりその権利を証明した者（裏書
　　　　がされる前であるときは、荷送人）に限る。
（注2）一定の事項については、次のいずれかの案によるものとする。
　　【A案】次の①から④までの事項の全部又は一部とする（一部とする場合には、例
　　　　　えば、①のみとする、①及び②とする、①及び④とするといったように、複数
　　　　　の考え方がある。）。
　　　　①　商法第758条第1項各号に掲げる事項（同項第11号に掲げる事項を除
　　　　　く。）に関して当該船荷証券の記載と同一の内容
　　　　②　当該船荷証券に代えて発行されたものであること
　　　　③　当該船荷証券に代えて当該電子船荷証券記録の発行を受けた者の氏名又は
　　　　　名称
　　　　④　当該船荷証券が記名式であって裏書を禁止する旨の記載がある場合におい
　　　　　ては電子裏書を禁止すること
　　【B案】単に「当該船荷証券の記載と同一の内容」とする。

2　電子船荷証券記録から船荷証券への転換
　　電子船荷証券記録から紙の船荷証券への転換の場面の規律については、次の
　いずれかの案によるものとする。
　【甲案】
　　①　電子船荷証券記録が発行された場合には、当該電子船荷証券記録を発行
　　　した運送人又は船長は、当該電子船荷証券記録を支配する者（注1）の承
　　　諾を得て、当該電子船荷証券記録の支配の移転又は消去その他当該電子船
　　　荷証券記録の利用及び支配の移転をすることができないようにする措置と
　　　引換えに、船荷証券の一通又は数通を交付することができる。この場合に
　　　おいて、当該船荷証券には、一定の事項（注2）が記載されなければなら
　　　ない。
　　②　前項の規定により船荷証券が交付された場合における民法第520条の
　　　4の規定の適用については、当該船荷証券の所持人は、当該船荷証券の交
　　　付を受けた者が裏書の連続によりその権利を有したことを証明したものと
　　　みなす。
　　（注1）「当該電子船荷証券記録を支配する者」の後に括弧書きを設けて一定の限定を
　　　　　することが考えられるところ、括弧書きの内容については、次のいずれかの案に
　　　　　よるものとする。
　　　【A案】当該電子船荷証券記録上の権利を適法に有する者に限る。
　　　【B案】指図式の電子船荷証券記録が発行された場合にあっては、電子裏書の連続に
　　　　　よりその権利を証明した者（電子裏書がされる前であるときは、荷送人）に限
　　　　　る。
　　（注2）一定の事項については、次のいずれかの案によるものとする。
　　　【A案】次の①から④までの事項の全部又は一部とする（一部とする場合には、例

えば、①のみとする、①及び②とする、①及び④とするといったように、複数の考え方がある。）。

①　商法第７５８条第１項各号に掲げる事項（同項第１１号に掲げる事項を除く。）に関して当該電子船荷証券記録の記録と同一の内容

②　当該電子船荷証券記録に代えて発行されたものであること

③　当該電子船荷証券記録に代えて当該船荷証券の交付を受けた者の氏名又は名称

④　当該電子船荷証券記録が商法第●条第●項（注：後記5の第3項の規定）の電子船荷証券記録である場合においては裏書を禁止すること

【B案】単に「当該電子船荷証券記録の記録と同一の内容」とする。

【乙案】

①　電子船荷証券記録を支配する者（注１）は、当該電子船荷証券記録を発行した運送人又は船長に対し、当該電子船荷証券記録の支配の移転又は消去その他当該電子船荷証券記録の利用及び支配の移転をすることができないようにする措置と引換えに船荷証券の一通又は数通を交付することを請求することができる。この場合において、当該船荷証券には、一定の事項（注２）が記載されなければならない。

②　前項の規定により船荷証券が交付された場合における民法第５２０条の４の規定の適用については、当該船荷証券の所持人は、当該船荷証券の交付を受けた者が裏書の連続によりその権利を有したことを証明したものとみなす。

（注１）甲案の注１と同じ。

（注２）甲案の注２と同じ。

（補足説明）

1　転換に関する規定の要否

　　MLETR 及びイギリス提出法案（Law Commission 草案においても同じ。）においては、それぞれ以下のような転換に関する規定が設けられている。

> MLETR 第１７条　移転可能な証書又は文書の電子的移転可能記録への置換え
>
> 1. 媒体の変更のために信頼できる手法が用いられていれば、移転可能な証書又は文書を電子的移転可能記録によって置き換えることができる。
>
> 2. 媒体の変更が効力を生ずるためには、媒体の変更を示す文言が電子的移転可能記録の中に挿入されなければならない。
>
> 3. 第１項及び第２項に従って電子的移転可能記録が発行されたとき、その移転可能な証書又は文書は効力を失い、かつ、いかなる効果又は有効性も有さなくなる。
>
> 4. 第１項及び第２項に従った媒体の変更は当事者の権利及び義務に影響を与えない。
>
> MLETR 第１８条　電子的移転可能記録の移転可能な証書又は文書への置換え
>
> 1. 媒体の変更のために信頼できる手法が用いられていれば、電子的移転可能記録を移転可能な証書又は文書によって置き換えることができる。
>
> 2. 媒体の変更が効力を生ずるためには、媒体の変更を示す文言が移転可能な証書又は文

書の中に挿入されなければならない。

3. 第1項及び第2項に従って移転可能な証書又は文書が発行されたとき、その電子的移転可能記録は効力を失い、かつ、いかなる効果又は有効性も有さなくなる。

4. 第1項及び第2項に従った媒体の変更は当事者の権利及び義務に影響を与えない。

イギリス提出法案第4条　転換

(1) 以下に掲げる場合に限り、紙の取引文書は電子取引文書に転換でき、かつ、電子取引文書も紙の取引文書に転換し得る。

  (a) 当該文書が転換された旨がその新しい方式〔電子又は紙〕の文書に記載され、かつ

  (b) 当該文書の転換に関連する契約又は他の要件が満たされていること

(2) 第1項の規定にしたがい文書が転換される場合、

  (a) 古い様式による文書は効力を失い、かつ

  (b) 当該文書に関連する全ての権利及び義務が新しい方式の文書に関連して効力を有し続ける。

　このように、紙の船荷証券と電子船荷証券記録の間の転換に関する規定を設けることが1つの国際動向と考えられることに加えて、現実にも紙の船荷証券と電子船荷証券記録との間で媒体の変換を行う必要が生じる可能性はあるため、試案においても、転換に関する規律を設けることとしている。

2　船荷証券から電子船荷証券記録への転換

⑴　転換義務の要否

　　船荷証券から電子船荷証券記録への転換については、電子船荷証券記録の発行時と同様に、運送人等にその転換に応じる義務を課すか否かが問題となり得るが、電子船荷証券記録の発行時においても運送人又は船長にその発行義務は負わせないことを前提に（前記第2の1参照）、転換の場面においても同様に電子船荷証券記録への転換に応じる義務までは認めないこととしている。

⑵　転換に当たっての承諾主体となる船荷証券の所持人

　　転換に当たっての承諾主体となる船荷証券の所持人については、①船荷証券上の権利を適法に有する者に限定するという考え方（試案1の注1のA案）、②転換前の船荷証券が指図証券型である場合には、裏書の連続によりその権利を証明した者（裏書がされる前であるときは、荷送人）に限定するという考え方（試案1の注1のB案）、③その類型にかかわらず、船荷証券の所持人であればよく、限定しないという考え方があり得るところである。

　　①の考え方は、船荷証券上の権利を適法に有する者のみが転換を受ける地位にあり、単に船荷証券の所持人というだけではそのような地位にはないとするのが相当であると考えるものである。

　　これに対し、②の考え方及び③の考え方は、転換が媒体の変更にすぎないという点に着目し、船荷証券の所持人であれば、転換を受ける地位を有する

のが相当であるというものである。その中でも②の考え方は、第２項において、「前項の規定により電子船荷証券記録が発行された場合における商法第●条第●項の規定の適用については、当該電子船荷証券記録を支配する者は、当該電子船荷証券記録の発行を受けた者が電子裏書の連続によりその権利を有したことを証明したものとみなす」とされ、転換後には転換前の船荷証券の裏書の連続が問題とされなくなることから、転換前の船荷証券が指図証券型である場合には裏書の連続によりその権利を証明した者でなければ転換を受けることができないとするものである（ただし、転換前の船荷証券が指図証券型である場合において、裏書がされる前であるときは、荷送人も転換を受けることができるものとすることが相当であるため、試案のように規定することとしている。）。

　③の考え方は、権利推定効の特則を定める第２項との関係で問題が残るものと考えられるが、①の考え方と②の考え方は、いずれを採用することもできるように思われるため、試案では、①の考え方のＡ案、②の考え方のＢ案の２つの案を示している。

⑶　転換に当たっての承諾の方式

　船荷証券から電子船荷証券記録への転換の場面でも、電子船荷証券記録の発行時と同様に、紙の船荷証券の所持人の承諾に特定の方式を求めるか否かが問題となり得るが、電子船荷証券記録の発行時においても荷送人又は傭船者の承諾に法律上特段の方式を要求することはしないとすることを前提とする場合には（前記第２の１の補足説明⑵参照）、この場面での紙の船荷証券の所持人の承諾の方法についても、特定の方式を要求すべきではないと考えられる。

⑷　転換前の媒体の取扱い

　紙の船荷証券から電子船荷証券記録への転換がされた後に、転換前の紙の船荷証券が流通することは、取引の安全を害することとなるため、紙の船荷証券から電子船荷証券記録への転換を行う場合には、紙の船荷証券（数通の船荷証券が交付された場合にあっては、その全部）と引換えとすることとしている。

　なお、MLETRやイギリス提出法案（Law Commission 草案も同じ。）では、転換が行われた場合には、その効果として転換前の媒体が効力を失うことが明記されており、これと同様の規定を設けることも考えられるものの、現行の商法においても、受取船荷証券に代えて船積船荷証券を発行する場合に当該受取船荷証券が無効となる旨の明文規定はなく、当該受取船荷証券が当然に無効になるものと解されていることなどに鑑みると、あえて転換の場合に限って、転換前の媒体が効力を失うことを明文として規定しなくても、解釈上、転換前の紙の船荷証券は当然に無効になるものと考えられ、そうであれば、あえてこのことを規定する必要はなく、試案では当該事項を規定することはしていない。

⑸　転換後の電子船荷証券記録の記録事項

　ア　Ａ案

　　Ａ案は、転換後の電子船荷証券記録の記録事項を次の①から④までの事項の全部又は一部とするというものである。

①　商法第７５８条第１項各号に掲げる事項（同項第１１号に掲げる事項を除く。）に関して当該船荷証券の記載と同一の内容

②　当該船荷証券に代えて発行されたものであること

③　当該船荷証券に代えて当該電子船荷証券記録の発行を受けた者の氏名又は名称

④　当該船荷証券が記名式であって裏書を禁止する旨の記載がある場合においては電子裏書を禁止すること

　①については、新たに発行される電子船荷証券記録は、転換前の紙の船荷証券を実質的に引き継ぐものであることから、そのことを明確にするため、新たに発行される電子船荷証券記録には、商法第７５８条第１項各号に掲げる事項に関して転換前の紙の船荷証券の記載と同一の内容の記録を求めることとしている。商法第７５８条第１項第１１号は複数通発行に係る記載事項であるため、転換後の電子船荷証券記録の記録事項からは除外している（前記第２の２参照）。「同一の内容」については、一言一句同じでなくても、実質的に同一であるということができれば足りるものと解されることを想定している。

　②については、MLETR やイギリス提出法案のいずれにおいても、転換後の媒体においては転換の事実が記載・記録事項とされていることを踏まえ、これを記載・記録事項とすることが考えられる。もっとも、この点については、部会において、このような転換文言は必要性に乏しく、法定記録事項を増やすことでかえって転換の効力を否定することに繋がるのではないかといった指摘のほか、そもそも MLETR やイギリス提出法案においては、転換のための要件として転換前の媒体の引換えが求められておらずその無効化が定められているにとどまるため、事実上、転換前の媒体と転換後の媒体が二重に流通した場合のために転換の事実を転換後の記載・記録事項としているようにも考えられ、そうであれば、試案のように旧媒体の引換えを転換の条件とするのであれば、必ずしも転換の事実を記載・記録事項としないことも考えられるのではないかとの意見もみられたところである。

　③については、部会において、転換の事実（②）が転換後の媒体に記載又は記録されることとなったとしても、結局、どの時点で（誰が船荷証券又は電子船荷証券記録を所持又は支配している時点で）転換が行われたのかが客観的に明らかにならない限りは、転換後の指図式の船荷証券又は電子船荷証券記録を新たに取得しようとした者又は取得した者との関係では、民法第５２０条の４及び後記第６の２⑽に定める権利推定が及ぶのか否かが明らかではなく、善意取得を定める民法第５２０条の５及び後記第６の２⑾の規定との関係でも善意取得の要件としての裏書（電子裏書）の連続性を立証することが容易ではないのではないかとの意見もみられたことを踏まえ、これを記

載・記録事項とすることが考えられる。もっとも、③を記載・記録事項とすることについては、いたずらに転換の有効性を否定することになるおそれがあるし、MLETR やイギリス提出法案でも想定されておらず、国際的な調和の観点からも相当ではないという考え方もあり得るところであり、任意に記載・記録されることが望ましいとしても、法定の記載・記録事項とまではしないということも考えられるところである。

　　④については、船荷証券に関して、記名式であって裏書を禁止する旨の記載があるものは、その他の記名証券（いわゆる裏書禁止型）に該当し、電子船荷証券記録に関しても、それに相当する類型として、記名式であって電子裏書を禁止する旨の記録がされている電子船荷証券記録という類型が想定されるところ、この裏書又は電子裏書を禁止する旨の記載・記録は、いずれも商法第７５８条第１項各号に掲げる事項には含まれていないものの、転換の場面では転換前と転換後の類型に変わりはないと考えることになるため、これを記載・記録事項とすることが考えられる。

　　このように、Ａ案においては、①から④までの各事項をいかに組み合わせるかによっては考え方が分かれるところである。

　　なお、転換前の船荷証券が指図証券である場合における裏書については、各裏書人の法律行為であることから、当該船荷証券を交付した者に再現させることが相当であるともいい難いため、裏書として記載された事項の記録までは求めないものとして整理している。

イ　Ｂ案

　　Ｂ案は、転換後の電子船荷証券記録の記録事項を、当該船荷証券の記載と同一の内容とするものであり、Ｂ案を採用する場合には、同一の内容については、解釈に委ねることになる。少なくとも、転換前の船荷証券と転換後の電子船荷証券記録がいずれも同一の権利を表章するものであることが求められることを踏まえると、前記ア①及び④については、同一の内容として記載・記録されることが求められることになるものと解され（もちろん、一言一句同じでなくても、実質的に同一であるということができれば足りるものと解される。）、これに対し、前記ア②及び③については、転換前の船荷証券と転換後の電子船荷証券記録が同一の権利を表章するものであることを担保するのに必須の事項であるとまではいえないため、同一の内容として記載・記録されることが求められるものではないと整理されることが考えられるものの、その射程を一義的に明確にすることなく、解釈に委ねる点にＡ案との違いがある。もっとも、Ｂ案による場合であっても、MLETR との整合性を考慮し、前記ア②については、記載・記録事項として別途定めることも考えられる。

⑹　権利推定の連続性に関する規定

　　転換前の船荷証券が指図証券である場合における裏書については、転換後の電子船荷証券記録への記録を求めないものと整理しているところ、民法第

５２０条の４に相当する規定（後記第６の２⑽に係る規定）との関係で、電子裏書の連続性の取扱いが不明瞭となる。

　そのため、第２項において、権利推定の連続性についての取扱いを定める規定を別途設けることとしている。すなわち、「前項の規定により電子船荷証券記録が発行された場合における商法第●条第●項の規定の適用については、当該電子船荷証券記録を支配する者は、当該電子船荷証券記録の発行を受けた者が電子裏書の連続によりその権利を有したことを証明したものとみなす」とすることで、転換後の指図型の電子船荷証券記録を支配する者は、転換後の電子裏書の連続性のみを立証すれば、後記第６の２⑽に係る規定による保護を受けることができることとなる。ただし、前記⑸のとおり、転換後の電子船荷証券記録の記録事項によっては、「転換後の電子裏書の連続性」の判断に困難が生じ得る。

⑺　転換による権利義務の変更

　MLETR においては、船荷証券から電子船荷証券記録への転換、電子船荷証券記録から船荷証券への転換ともに、その転換（媒体の変更）が当事者の権利義務に影響を及ぼさない旨が規定されている（MLETR 第１７条第４項及び第１８条第４項）。

　この点に関連して、部会においては、仮に、転換前の（電子）裏書を転換後の媒休に記録（記載）しないこととすると、例えば、船荷証券から電子船荷証券記録へ転換する場合において、転換前の船荷証券が指図証券であって、荷送人がＡに対して裏書をし、ＡがＢに対して白地式裏書をし、Ｂが電子船荷証券記録への転換を受けたときは、Ｂは、転換前であれば、白地を補充せず、かつ、裏書をせずに船荷証券を第三者に譲渡することができたにもかかわらず（民法第５２０条の３、手形法第１４条第３項）、転換を受けたことにより、電子裏書をしないと電子船荷証券記録上の権利を譲渡することができなくなるものと考えられる点についての問題提起がされた。

　もっとも、この点については、媒体の変更によって生ずる不可避的な現象にすぎず、紙の船荷証券と同じ内容である電子船荷証券記録の規定に従って譲渡することができるという意味においては当事者の権利義務に影響は及んでいないということができるし、仮に、当事者の権利義務に影響が及んでいるとしても、転換に必要な承諾によるものであると整理することもできるため、このことをもって MLETR の考え方に抵触するものではないと考えられる。

３　電子船荷証券記録から船荷証券への転換

⑴　転換請求権の有無

　電子船荷証券記録から紙の船荷証券への転換の場面については、電子船荷証券記録を支配する者に対して、運送人に対する転換請求権を認めるかどうかについて考え方が分かれる。試案では、このような転換請求権までは認めずに、原則として、電子船荷証券記録を支配する者と運送人の双方の合意がある場合に、紙の船荷証券への転換を行うことができるとする考え方として

甲案を、電子船荷証券記録を支配する者に対して運送人に対する転換請求権を認める考え方として乙案を示している。

　この点、乙案を支持するものとして、国際海上物品運送の実務においては、紙の船荷証券が求められる可能性があることを否定することができず、そのような場合に電子船荷証券記録を支配する者に紙の船荷証券への転換請求権が認められないということとなれば、かえって電子船荷証券記録の利用が妨げられるおそれがあるため、電子船荷証券記録の利用を促進するのであれば、紙の船荷証券記録への転換請求権が認めるべきであるという理由付けが考えられる。部会においても、荷揚地の法律や税関の運用の変更等は必ずしも当初の電子船荷証券記録の発行時に予測することができない旨の意見や、洋上転売の実務において、商取引上の都合から最終的な転売先が変更となり、この者が電子船荷証券記録のプラットフォームに参加しておらず、その利用を拒絶する事態も十分に想定されるとの意見もみられたところである。また、以下の甲案の理由②との関係では、電子船荷証券記録の利用については、必ずしも荷送人側の積極的な意向によるものではなく、運送人側の事情等によってその利用が事実上求められる場面も想定され得るとの指摘もあり得るところである。

　これに対し、甲案を支持するものとしては、①デジタルファーストの志向からすると紙の船荷証券への転換請求権は認めるべきではない、②荷送人の意向に沿って電子船荷証券記録が発行されたにもかかわらず、荷送人側の都合によって一方的に紙の船荷証券への転換請求権が認められるというのは、運送人にとって酷である場面も想定されるのではないか、③当初の想定とは異なり、紙の船荷証券が求められるような事態となった場合において、運送人が紙の船荷証券への転換を不合理に拒むという可能性は低く、仮に、やむを得ない事情があるにもかかわらず、運送人が不合理に紙の船荷証券への転換を拒むのであれば、商慣習や信義則等により、運送人に債務不履行責任や不法行為責任が認められることもあり得るところであり、転換請求権を認めるまでの必要性に乏しいのではないか、④ロッテルダム・ルールズとの平仄の点でも、転換請求権までは認めずに飽くまで当事者の合意によって転換を認めることが相当ではないか、⑤紙の船荷証券への転換については、システムの利用規約の中で別途規律が設けられ、規約に沿った運用が行われる可能性が高いのではないかといった理由付けが考えられる。

　なお、仮に、乙案を採用する場合には、運送人等は船荷証券を交付する義務を負うことになることとの関係で、転換に係る費用負担や船荷証券を転換請求者に交付するまでの危険負担等の問題も生じ得ることとなるため、それらの点についても何らかの規律が必要となるかについて検討が必要になると考えられる。

⑵　転換に当たっての承諾主体となる電子船荷証券記録を支配する者

　　前記2⑵と同様に、①電子船荷証券記録に関する権利を適法に有する者に限定するという考え方（試案2の注1のA案）、②転換前の電子船荷証券記録

が指図型である場合には、電子裏書の連続によりその権利を証明した者（電子裏書がされる前であるときは、荷送人）に限定するという考え方（試案2の注1のB案）があり得るところであり、いずれを採用することもできるように思われるところであるため、試案では、2つの案を示している。

⑶　転換に当たっての承諾の方式

　　前記2⑶と同様である。

⑷　転換前の媒体の取扱い

　　電子船荷証券記録から紙の船荷証券への転換がされた後に転換前の電子船荷証券記録が使用されることは、取引の安全を害することとなるため、電子船荷証券記録から紙の船荷証券への転換をする場合には、当該電子船荷証券記録が使用されない状況を担保することが望ましい。そこで、前記2⑷のように、紙の船荷証券から電子船荷証券記録への転換を行う場合に紙の船荷証券（数通の船荷証券が交付された場合にあっては、その全部）と引換えにすることを求めることにすることを前提に、その平仄の観点から、電子船荷証券記録と引換えに転換を行うものとしている。「引換え」の意義については、電子船荷証券記録の支配の移転との引換えとすることが考えられるが、受戻証券性を定める商法第764条に相当する規定（後記第6の2⑹）と同様に、引換えの対象を電子船荷証券記録の支配の移転に限定するのではなく、電子船荷証券記録の支配の移転又は消去その他当該電子船荷証券記録の利用及び支配の移転をすることができないようにする措置との引換えとすることとしている。

　　なお、前記2⑷のとおり、転換前の媒体が効力を失うことを明文として規定しなくても、解釈上、転換前の電子船荷証券記録は当然に無効になるものと考えられ、そうであれば、あえてこのことを規定する必要はなく、試案では当該事項を規定することはしていない。

⑸　転換後の船荷証券の記載事項

　　新たに交付される紙の船荷証券の記載事項については、紙の船荷証券から電子船荷証券記録へ転換された場合の電子船荷証券記録の場合（前記2⑸）と同様の整理をしている。

　　なお、「商法第758条第1項各号に掲げる事項（同項第11号に掲げる事項を除く。）に関して当該電子船荷証券記録の記録と同一の内容」としているものの、この転換の場面で発行される船荷証券についても当然に商法第758条第1項の適用があるものと整理しているため、商法第758条第1項第11号（複数通発行に係る事項）についても記載の対象となる（電子船荷証券記録の記録と同一の内容を記載する必要はない。）。

⑹　権利推定の連続性に関する規定

　　紙の船荷証券から電子船荷証券記録へ転換された場合の権利推定の連続性に関する取扱い（前記2⑹）と同様の趣旨で、電子船荷証券記録から紙の船荷証券へ転換された場合についても、権利推定の連続性についての取扱いを定める規定を別途設けることとしている。

⑺　転換による権利義務の変更

前記２⑺と同様である。

第５　電子船荷証券記録の類型及び譲渡等の方式

①　指図式の電子船荷証券記録上の権利の譲渡又はこれを目的とする質権の設定は、当該電子船荷証券記録の支配の移転及び電子裏書（電子船荷証券記録を支配する者が当該電子船荷証券記録の支配を他の者に移転する場合において、法務省令で定める方法により（注）、当該電子船荷証券記録の支配の移転をする者の氏名又は名称及び移転を受ける者の氏名又は名称を当該電子船荷証券記録に記録することをいう。以下同じ。）をすることによって、その効力を生ずる。

（注）法務省令として、以下のような内容を規定することを想定している。ただし、前記第３の３の電子船荷証券記録の発行の技術的要件と同様に、「電子署名」に関しては、これを要件としないことや、電子署名を行った者の識別可能性とその者の意思を示すために信頼できる手法が用いられていることのみを定めることも考えられる。

１　商法第●条第●項に規定する法務省令で定める方法は、次の各号の要件のいずれにも該当するものをいう。

一　電子情報処理組織を利用する方法その他の情報通信の技術を利用する方法であること

二　商法第●条第●項に定める事項の記録をする者が電子署名をするものであること

２　前項第２号に規定する「電子署名」とは、電子船荷証券記録に記録された情報について行われる措置であって、次の各号の要件のいずれにも該当するものをいう。

一　当該情報が当該措置を行った者の作成に係るものであることを示すためのものであること

二　当該情報について改変が行われていないかどうかを確認することができるものであること

②　前項の電子船荷証券記録に該当しない電子船荷証券記録（記名式であって電子裏書を禁止する旨の記録がされているものを除く。）上の権利の譲渡又はこれを目的とする質権の設定は、当該電子船荷証券記録の支配の移転をすることによって、その効力を生ずる。

③　記名式であって電子裏書を禁止する旨の記録がされている電子船荷証券記録上の権利の譲渡又はこれを目的とする質権の設定は、債権の譲渡又はこれを目的とする質権の設定に関する方式に従い、かつ、その効力をもってのみ、することができる。

④　電子裏書は、単純であることを要し、電子裏書に付した条件は、これを記録していないものとみなす。

⑤　第１項の規定にかかわらず、電子裏書は、電子船荷証券記録の支配の移転を受ける者の氏名又は名称を記録しないで、又は単に当該電子船荷証券記録の支配の移転をする者の氏名若しくは名称を記録することのみをもってするこ

とができる（以下「白地式電子裏書」という。）。
⑥　白地式電子裏書がされたときは、電子船荷証券記録を支配する者は、次に各
　　号に掲げる行為をすることができる。
　　一　自己の氏名若しくは名称又は他人の氏名若しくは名称をもって白地を補
　　　　充すること
　　二　白地式電子裏書により、又は他人の氏名若しくは名称を表示して更に電
　　　　子裏書をすること
　　三　白地を補充せず、かつ、電子裏書をせずに電子船荷証券記録の支配を移
　　　　転することにより電子船荷証券記録上の権利を譲渡し、又はこれを目的とす
　　　　る質権を設定すること
⑦　電子船荷証券記録の支配の移転を受ける者の氏名又は名称を記録せずにその
　　支配をする者に運送品を引き渡すべき旨が付記された電子裏書は、白地式電
　　子裏書と同一の効力を有する。

（補足説明）
１　電子船荷証券記録の類型についての考え方
　⑴　紙の船荷証券における実情
　　　　かつて、民法においては、「有価証券」に関する規定はなく、「証券的債権」
　　　に関する規定が置かれ、商法において「有価証券」に関する規定の一部が設
　　　けられていたが、この証券的債権と有価証券との関係については諸説あり、
　　　必ずしも適用関係が明確ではなかった。そこで、平成２９年に、民法の一部
　　　を改正する法律（平成２９年法律第４４号）及び民法の一部を改正する法律
　　　の施行に伴う関係法律の整備等に関する法律（平成２９年法律第４５号）が
　　　制定され、有価証券に関する一体的な規定が民法の中に整備されるに至って
　　　いる。
　　　　現行の民法においては、有価証券の類型として、「指図証券」、「記名式持参
　　　人払証券」、「その他の記名証券」、「無記名証券」という分類がされている。
　　　このうち、「指図証券」及び「無記名証券」については、民法の中に定義は設
　　　けられていないものの、一般的に、「指図証券」とは、証券上指名された者又
　　　はその者が証券上の記載によって指名した者（当該指名された者が更に指名
　　　した者を含む。）を権利者とする有価証券を、「無記名証券」とは、証券上に
　　　特定の権利者を指名する記載がされておらず、その所持人が権利者としての
　　　資格を持つ有価証券を意味すると解されている。
　　　　これに対して、商法においては、従前は、有価証券の喪失やその権利譲渡
　　　に関する規定が一部置かれていたものの（旧商法第５１８条、第５１９条等）、
　　　上記の民法改正に伴い、これらの規定はなくなっている。もっとも、現行の
　　　商法においても、船荷証券については、「船荷証券は、記名式であるときであ
　　　っても、裏書によって、譲渡し、又は質権の目的とすることができる。ただ
　　　し、船荷証券に裏書を禁止する旨を記載したときは、この限りでない。」とい
　　　う、民法の有価証券に係る規定の特則が置かれており（商法第７６２条）、い

わば、法律上当然の指図証券性が付与されている。

　現行法下においては、紙の船荷証券については、民法の有価証券に関する規定の内容とは若干の変容があるものの、講学上、指図証券型、記名式所持人払証券型、その他の記名証券型（裏書禁止型）、無記名証券型の４類型があるものと考えられる。

　しかしながら、我が国の企業等が関わる国際海上物品運送の実務上、船荷証券に関して、これらの４類型の全てが利用されているわけではないようであり、特に、記名式所持人払証券型及び無記名証券型については、利用されることがほとんどないとの指摘もあるところである。

⑵　部会での議論の状況

　部会では当初、電子船荷証券記録の類型をどのように考えるかについて、①民法上の有価証券に係る４類型をできる限りそのまま維持する形で類型に関する規律を設ける考え方、②船荷証券について記名式所持人払証券型と無記名証券型については実務上ほとんど利用されていないという指摘を踏まえて、記名式所持人払証券型と無記名証券型に相当する類型を規律せずに、指図証券型に相当するものと裏書禁止型に相当するものの２類型のみを規律するという考え方、③紙の船荷証券の類型にとらわれず、電子船荷証券記録については、指図証券型に相当するものを明示的に規律することをせずに、「支配の移転による譲渡禁止型」とそれ以外の２類型のみとする考え方の３つの案について議論が行われた。

　しかしながら、②案に関しては、イギリスを含む諸外国においても少なくとも観念上は、いわゆる"bearer B/L"という類型が想定されているところ、この"bearer B/L"は、日本法上の有価証券の分類に当てはめると、無記名証券に該当するという考え方もあり得るように考えられることに加えて、仮にそうでないとしても、理論上、記名式所持人払証券型と無記名証券型を観念することができるのであれば、電子船荷証券記録の法制化に伴って当該類型のみを積極的に否定する理由は乏しい旨の消極的な意見が大勢であった。

　また、③案については、電子船荷証券記録の方式に関する規律を単純化することにより、より多くのシステムを許容できる面があるとの好意的な評価もあったものの、MLETRにおいては紙の船荷証券について指図証券型が存在する場合には電子船荷証券記録においても同様の類型が維持されることを想定しているようにも考えられるのではないかとの意見や、「裏書」という概念を用いないとすると、多くの場面において、電子船荷証券記録に関して紙の船荷証券についての解釈論を引き継ぐことが難しくなるのではないかとの消極的な評価が多くみられたところである。

　これに対して、①案に対しては、MLETRにおいては、電子船荷証券記録の類型についての規律はないものの、紙の船荷証券に裏書という概念がある以上、電子船荷証券記録にも裏書相当行為が観念されることを想定しているように見受けられることや、電子的移転可能記録についての実体を変更せずに移転可能な証書又は文書との機能的同等性を実現するというMLETRの基本的な発想

に鑑みると、①案が MLETR と最も親和的であるように思われる旨の意見が多くみられたところである。なお、①案に対しては、特定の電子船荷証券記録に関して、いずれの類型に当てはまるかが不明確な場合も想定されるのではないかとの意見や、電子裏書等の要件を付加することで、仮に類型の当てはめにおいては指図証券型に相当する電子船荷証券記録（指図式の電子船荷証券記録）に該当することとなりつつも、システムが電子裏書の要件を満たすことができないような場合には、事実上、電子船荷証券記録に関する権利を譲渡することができないこととなってしまうのではないかとの意見もみられたところではあるが、これらの点についても、電子裏書の定義や白地式電子裏書の規律等を通じて電子裏書の要件を比較的緩く定めることや、指図式の電子船荷証券記録に該当するか否かの判断を柔軟に行うことで、現実的には問題にならない可能性が高いと考えられたところである。

　そこで、試案においては、①案を前提とした規律案を示すこととしている。

⑶　各類型の定義等

ア　まず、民法第520条の2以下に定める「指図証券」に該当する船荷証券に相当する電子船荷証券記録については、第1項において、「指図式の電子船荷証券記録」と表記することとしている。民法及び商法においては、「指図式」という用例はないものの、我が国の法令上、このような性質を意味する用語として「指図式」という用例が用いられていることが少なくないため（手形法第11条第1項、小切手法第14条第1項等）、このような規定としている。

　　なお、部会においては、当初、商法第762条の規定の趣旨を電子船荷証券記録にも及ぼすために、「指図式の電子船荷証券記録（記名式であって電子裏書を禁止する旨の記録がされていないものを含む。）」と規律することが検討されていたものの、このような定め方とすると、いわゆる記名式所持人払型の船荷証券に相当する電子船荷証券記録についても、指図式の電子船荷証券記録に含まれるものと解される余地がある上、商法第762条は、裏書禁止文言のない記名式の船荷証券については、裏書によって譲渡等をすることができることを定めるのみで、そのような船荷証券があらゆる場面で民法第520条の2以下の「指図証券」となることまでをも明示的に定めているわけではない。そのため、試案においては、別途、商法第762条に相当する規律を設けることとした上で（後記第6の2⑷参照）、本規定との関係では、端的に「指図式の電子船荷証券記録」と定義することとしている。

イ　次に、裏書禁止型の船荷証券に相当する電子船荷証券記録については、商法第762条の規定を参考に、第3項において「記名式であって電子裏書を禁止する旨の記録がされている電子船荷証券記録」と定義することとしている。

　　「電子裏書を禁止する旨の記録」とは、実質的に電子裏書を禁止する趣旨の記録であれば足りると考えられ、紙の船荷証券と同様に「裏書禁止」又は「Non-negotiable」といった記載もこれに含まれることを想定している。

45

ウ　記名式所持人払証券型及び無記名証券型については、実務上、普及していないにもかかわらず、法文上それらを規定することに対する事実上の抵抗感が述べられたことに加えて、この両類型については、譲渡等の方式や効果等の面で法律上の差異がないと考えられるため、試案においても、記名式所持人払証券型及び無記名証券型を分けて規律することはせずに、第２項において、「前項の電子船荷証券記録に該当しない電子船荷証券記録（記名式であって電子裏書を禁止する旨の記録がされているものを除く。）」とまとめて規定することとしている。

2　譲渡等の対象である「電子船荷証券記録上の権利」
⑴　前記第2の3の補足説明⑴のとおり、我が国の法体系は、電磁的記録を「物」、「有価証券」、「船荷証券」そのものとすることは想定していないように考えられるため、電子船荷証券記録そのものは、「物」、「有価証券」、「船荷証券」そのものではないという考えを前提としており、電子船荷証券記録という電磁的記録それ自体を譲渡等の対象とすることは困難であるように考えられる。
⑵　そこで、試案においては、「電子船荷証券記録」そのものではなく、「電子船荷証券記録上の権利」を譲渡及び質権設定の対象として規律することとしている。
　　この「電子船荷証券記録上の権利」は、電子船荷証券記録に表章されている権利、すなわち運送品の引渡しに係る債権等（基本的には、運送品の引渡しに係る債権が想定されるものの、そのほかに電子船荷証券記録に表章される権利が観念される場合にはそれも含まれることを想定している。）を想定したものである。紙の船荷証券においては、有価証券である船荷証券という有体物自体の所有権が観念されるため、「船荷証券」そのものの譲渡というものが観念できるところではあるが、有因証券かつ非設権証券であると一般的に考えられている船荷証券において、船荷証券が表章している権利の移転とは別に船荷証券そのものを個別に譲渡等の対象として捉える必要性はないようにも考えられる。また、船荷証券とは異なり、無因証券かつ設権証券であると考えられている手形についても、「裏書は、（略）手形上の権利を譲渡する原則形態である」、「裏書は、手形上の権利の簡易な譲渡方法である」、「裏書により手形上の一切の権利（略）が手形とともに裏書人から被裏書人に移転し」といったように（森本滋編『手形法小切手法講義』（成文堂、２００８年）６７頁、７２頁、田邊光政著『最新手形法小切手法』（中央経済社、２００６年）１０６頁等）有体物である手形のみならず「手形上の権利」そのものが直接の譲渡の対象として考えられているようにも思われる。
　　そうであれば、電子船荷証券記録に関しても、電子船荷証券記録という電磁的記録そのものが直接の譲渡の対象として観念されないとしても、そこに表章されている権利そのものを直接の譲渡の対象として観念することは自然であるとも考えられる。

　この論点に関して、部会では、電子船荷証券記録そのものを譲渡等の対象とすることができないとしても、船荷証券という紙面そのものと船荷証券上の権利の２つの権利が観念される状態と可能な限り近い状況を作り出すためには、電子船荷証券記録に表章された権利とは別に、「電子船荷証券記録を使用、収益及び処分する権利」という紙の船荷証券に対する所有権に相当する新たな権利を想定し、その権利を直接の譲渡等の対象とするという考え方についても議論されたところである。しかしながら、上記のように、紙の船荷証券についても、船荷証券が表章している権利の移転とは別に船荷証券そのものを個別に譲渡等の対象として捉える必要性は必ずしもないように思われることに加えて、このような権利を直接の譲渡等の対象とすると、制度全体が複雑になる面も否めないところである。例えば、「電子船荷証券記録を使用、収益及び処分する権利」を直接の譲渡の対象として構成することとすると、電子裏書禁止型の電子船荷証券記録の譲渡等の方式として、民法第５２０条の１９に倣って債権譲渡の方式による旨を定めることが困難となる可能性がある。このような点を踏まえてもなお「電子船荷証券記録を使用、収益及び処分する権利」を譲渡等の対象とする実益は見出し難く、そのため、試案においては、電子船荷証券記録に表章されている権利である「電子船荷証券記録上の権利」が直接の譲渡等の対象となることとしている。

　ただし、民法第５２０条の２や同法第５２０条の１３とは異なり、試案のように、直接の譲渡等の対象が「電子船荷証券記録上の権利」、すなわち、電子船荷証券記録に表章されている運送品の引渡しに係る債権等であることを前提とした規律とする場合には、債権譲渡の対抗要件を定める民法第４６７条の適用関係が必ずしも明確ではないとの指摘もあり得るところである。電子船荷証券記録上の権利の譲渡について、別途、民法第４６７条の規律を適用することは想定し難いが、明示的に当該規定を適用除外する必要があるか否かについては、引き続き検討する必要がある。

　なお、試案で「電子船荷証券記録上の権利」と表記している点について、我が国の法制上、「（電磁的）記録上の権利」という用例はないこともあって、部会の中では、「電子船荷証券記録に関する権利」や「電子船荷証券記録に係る権利」といった表現も検討されてきた。しかしながら、手形や船荷証券といった有価証券との関係では、権利と証券の結合関係として、比喩的に「表章」という言葉が使用され、かつ、法文上は表章されるその権利を「証券上の権利」と表記することが一般的であるように思われるため（民法第５２０条の４等）、船荷証券という有価証券との機能的同等性を持つ電子船荷証券記録においても、同様の整理がされていることを示す趣旨も含めて、「電子船荷証券記録上の権利」という用語を用いることとしている。

３　譲渡等の方式
⑴　指図式の電子船荷証券記録（第１項、第４項から第７項まで）
　ア　一般的な要件

　　　指図証券型の船荷証券に相当する指図式の電子船荷証券記録については、指図証券における「交付」に相当する「支配の移転」に加えて、「裏書」に相当する「電子裏書」をその権利の譲渡等に係る効力発生要件として規律することとしている（第１項）。

イ　電子裏書

　　　「電子裏書」の要件に関して、民法、商法及び手形法を含む我が国の法制上、「裏書」の方式等を定める規定は存在するものの、「裏書」の定義そのものを直接定める規定は存在しないが、一般的には、裏書（記名式裏書）は、裏書人（権利を譲渡しようとする者）が自己の氏名又は名称を署名又は記名押印するとともに、裏書文句と併せて譲渡先である被裏書人を証券上で指定する行為をいうと考えられている。

　　　そこで、指図式の電子船荷証券記録においては、この裏書に相当する行為として「電子裏書」という概念を創設し、「電子船荷証券記録を支配する者が当該電子船荷証券記録の支配を他の者に移転する場合において、法務省令で定める方法により、当該電子船荷証券記録の支配の移転をする者の氏名又は名称及び移転を受ける者の氏名又は名称を当該電子船荷証券記録に記録することをいう」と定義付けている。

　　　また、その技術的要件として、法務省令に委任する形で、「電子情報処理組織を利用する方法その他の情報通信の技術を利用する方法であること」と「電子署名」を求めることを想定している。「電子署名」の要件については、電子船荷証券記録の発行時に求められるものと同様である（前記第３の補足説明３(4)参照）。

　　　ただし、前記第３の３の電子船荷証券記録の発行の技術的要件と同様に、「電子署名」に関しては、これを要件としないことや、電子署名を行った者の識別可能性とその者の意思を示すために信頼できる手法が用いられていることのみを定めることも考えられる。

　　　なお、ここでいう電子裏書としての「電子船荷証券記録の支配の移転をする者の氏名又は名称及び移転を受ける者の氏名又は名称を記録すること」というのは、支配の移転をする者の氏名又は名称及び移転を受ける者の氏名又は名称を、商法第７５８条第１項の船荷証券記載事項と同様に、明示的に表示されるものとして記録することを想定している。

　　　また、この電子裏書に関しては、時間的な前後関係が重要な意味を持つため、電子裏書の日時の記録についてその要件として定めることも考えられるものの、紙の船荷証券の裏書については、その日時の記載は法定記載事項とされておらず、実際上も船荷証券の紙面上、その前後関係が常に明らかであるともいえないことに鑑みて、日時の記録については、電子裏書の要件とまではしないことにしている（もちろん、電子船荷証券記録に係るシステムの中でそのような日時や前後関係が明確にされること自体は何ら制限されることはない。）。

ウ　白地式電子裏書

　　指図証券型に当たる船荷証券の譲渡については、その証券に譲渡の裏書を
して譲受人に交付しなければ、その効力を生じないとされているとともに
（民法第５２０条の２）、指図証券の譲渡については、「その指図証券の性質
に応じ、手形法中裏書の方式に関する規定を準用する」とされており（民法
第５２０条の３）、手形法においては、原則的な記名式裏書のみならず、白
地式、すなわち、被裏書人の氏名を示さず、又は単に裏書人の署名若しくは
記名押印のみを行う形の裏書についても認められ、かつ、白地式裏書が行わ
れた場合の規律についてもいくつかの規定が置かれている（手形法第１２条
第３項、第１３条第２項、第１４条第２項、第１６条第１項等）。実際に、
指図証券型に当たる紙の船荷証券で裏書譲渡が行われる場合においても、そ
の多くは記名式裏書ではなく白地式裏書であるとの指摘もあるところである。
　　そのため、指図式の電子船荷証券記録に関して「裏書」に相当する「電子
裏書」を認める以上、「白地式裏書」に相当する白地式電子裏書についても
認め、かつ、紙の船荷証券における白地式裏書と同様の規律を設けることが
相当であると考えられる。
　　そこで、試案においては、第５項において、手形法第１３条第２項第１文
に相当するものとして、電子裏書は白地式で行うことができる旨の規定を置
き、第６項において、手形法第１４条第２項に倣い、電子裏書が白地式で行
われている場合において、電子船荷証券記録を支配する者が行うことができ
る行為等についての規律を設けている。また、第７項においては、手形法第
１２条第３項に倣って、電子船荷証券記録の支配の移転を受ける者の氏名又
は名称を記録せずにその支配をする者に運送品を引き渡すべき旨が付記され
た電子裏書は、白地式電子裏書と同一の効力を有する旨の規定を設けること
としている。
　　なお、第６項については、電子船荷証券記録に関して実際に用いられるシ
ステム上、電子船荷証券記録を支配する者に常にこれらの権限が認められる
とは限られないようにも思われる。しかしながら、同項は飽くまで法律上の
権限としてこれらの権限を認めるものにすぎず、そのような行為を認めない
システムやその前提となる利用規約の有効性を否定するものではない（この
ような場面では利用規約の効力が及ぶ関係者間においては、利用規約の効力
が優先するものと考えられる。）。
エ　電子裏書に関するその他の規律
　　前記ウのとおり、指図証券に当たる船荷証券の譲渡については、「その指
図証券の性質に応じ、手形法中裏書の方式に関する規定を準用する」とされ
ている（民法第５２０条の３）。
　　この「手形法中裏書の方式に関する規定」が具体的に手形法のどの規定を
指すのかは必ずしも明らかではないものの、立法の経緯等に鑑みると、一般
的に、少なくとも手形法第１２条、第１３条、第１４条第２項の規定はここ
に含まれると解されている。
　　この点、試案においては、手形法第１２条第２項に定める「一部ノ裏書ハ

之ヲ無効トス」に相当する規定を設けていないが、電子船荷証券記録について一部のみを切り離しての電子裏書（すなわち電子船荷証券記録の分断）が認められないことは、電子船荷証券記録の「支配」及び「支配の移転」の定義（前記第2の3参照）や電子船荷証券記録の技術的要件（前記第3の1参照）によって達成することができているものとして、ここでは規定を設ける必要はないものと整理している（なお、このことは、飽くまで電子船荷証券記録としての同一性を保ったままで、それが表章する権利の一部について電子裏書によって譲渡することを禁ずるものにすぎず、運送品の運送中に、発行した電子船荷証券記録を一度失効させ、運送品を区分した上で複数の電子船荷証券記録を再度発行することまでも禁ずるものではない。）。

　また、手形法第15条第2項においては、「裏書人ハ新ナル裏書ヲ禁ズルコトヲ得此ノ場合ニ於テハ其ノ裏書人ハ手形ノ爾後ノ被裏書人ニ対シ担保ノ責ヲ負フコトナシ」と規定されているところ、このうち「裏書人ハ新ナル裏書ヲ禁ズルコトヲ得」の部分についての規律について、指図証券型の紙の船荷証券に及ぶか、また、電子船荷証券記録にも及ぼすべきかという点が問題となり得るものの、手形法第15条第2項は、全体として、裏書禁止裏書をすることによって手形法上の担保的効力を免れることを規律していると考えることが自然であり、そうであれば、担保的効力が認められない船荷証券及び電子船荷証券記録については、第1文の「裏書人ハ新ナル裏書ヲ禁ズルコトヲ得」の部分のみ切り出して適用を認めることも相当ではないように考えられる。

　その他、第4項において、手形法第12条第1項を踏まえ、電子裏書について条件を定めることができないこととしている。

オ　質権設定に関する規律

　指図証券型に当たる船荷証券を目的とする質権の設定については、民法第520条の3が準用される結果（民法第520条の7）、手形法第19条が適用されると考えられている。

手形法第19条（質入裏書）

1　裏書ニ「担保ノ為」、「質入ノ為」其ノ他質権ノ設定ヲ示ス文言アルトキハ所持人ハ為替手形ヨリ生ズル一切ノ権利ヲ行使スルコトヲ得但シ所持人ノ為シタル裏書ハ代理ノ為ノ裏書トシテノ効力ノミヲ有ス

2　債務者ハ裏書人ニ対スル人的関係ニ基ク抗弁ヲ以テ所持人ニ対抗スルコトヲ得ズ但シ所持人ガ其ノ債務者ヲ害スルコトヲ知リテ手形ヲ取得シタルトキハ此ノ限ニ在ラズ

　そのため、指図式の電子船荷証券記録上の権利については譲渡と質権の設定についての方式を区別し、質権の設定については、電子裏書の一般の要件に加えて、「担保のため」、「質入れのため」、その他質権の設定を示す文言の記録を付記することを求めることとすることも考えられる。

　この点については、手形法上の質入裏書は、飽くまで物としての有価証券そのものを質権の対象とすることも想定されているものと考えられるところ、

電子船荷証券記録を「物」、「有価証券」、「船荷証券」そのものではないと解する以上、必然的にその適用が求められるものではないように考えられる。また、実際に電子船荷証券記録に関してどのようなシステムが構築されるかは必ずしも明らかではなく、このような要件を付加することで、システム上その要件を満たすことができず、当事者の意思に反して、質権設定の効力が物権的に発生しないこととなる事態も想定され得る。加えて、電子船荷証券記録の支配に排他性が認められる限りにおいて、質権設定の場面で電子船荷証券記録上に「担保のため」、「質入れのため」といった記録が残されないことになったとしても、そのことによって生じる不都合は想定し難いようにも思われる。そこで、試案においては、指図式の電子船荷証券記録上の権利の譲渡と質権の設定については、方式の区別を設けることはせずに同様の規律とすることとしている（そのため、後記第6の2においても、民法第520条の7及び第520条の17に相当する規律は独自に設けないことにしている（第6の2⒀参照）。）。

　もっとも、指図式の電子船荷証券記録上の権利を目的とする質権の設定についても、電子裏書の一般の要件に加えて、「担保のため」、「質入れのため」、その他質権の設定を示す文言の記録を付記することを求めることとすることも考えられることから、この点については、引き続き検討する必要がある。

⑵　記名式所持人払証券型及び無記名証券型の船荷証券に相当する電子船荷証券記録（第2項）

　記名式所持人払証券型及び無記名証券型の船荷証券に相当する電子船荷証券記録については、記名式所持人払証券及び無記名証券に係る民法の規律（民法第520条の13、民法第520条の20）を踏まえ、それぞれ証券の「交付」に相当する「支配の移転」のみをその権利譲渡等に係る効力発生要件として規律することとしている（第2項）。

⑶　電子裏書禁止型の電子船荷証券記録（第3項）

　その他の記名証券型（裏書禁止型）の船荷証券に相当する電子裏書禁止型の電子船荷証券記録上の権利の譲渡又はこれを目的とする質権の設定については、民法第520条の19第1項に倣って、債権の譲渡又はこれを目的とする質権の設定に関する方式に従い、かつ、その効力をもってのみ、することができるものとしている（第3項）。

　実務上、裏書禁止型の船荷証券について譲渡が行われることは稀であるように思われるため、実務において、裏書禁止型の船荷証券の譲渡に関してどのような法解釈及び対応がとられているのかは必ずしも明らかではないように思われるが、民法第520条の19第1項と同様の規律を定める手形法第11条第2項に関しては、その規定にかかわらず、指図禁止文句のついた手形を譲渡するためには、手形自体の交付が効力発生要件として求められ、民法第467条の通知又は承諾は対抗要件として求められると考える見解が有力に主張されている。

　上記の手形法の解釈と同様に、裏書禁止型の船荷証券についてもその譲渡

の効力発生要件としてその交付が必要となるか、それとも、法的な効力発生要件とまでは解されないものの、受戻証券性を定める商法第７６４条の規定が裏書禁止型の船荷証券にも適用されるため、事実上船荷証券の交付が必要となるにとどまるのかについては、必ずしも明らかではないものの、試案では、当該論点についての立場を明らかにすることはせずに、端的に民法第５２０条の１９に倣って譲渡等の方式を定めることとし、効力発生要件として「交付」に相当する「支配の移転」が必要となるか否かは、紙の船荷証券と同様に解釈に委ねることとしている。

⑷　記名式の電子船荷証券記録の荷送人

第１項から第３項までに共通する問題点として、記名式の電子船荷証券記録における荷送人から当初の荷受人への権利移転が「電子船荷証券記録上の権利の譲渡」として第１項から第３項までの規定の適用を受けるのか否かが問題となり得る。

この点、船荷証券が発行されている場合において商法第５８０条の処分権を有するのは「船荷証券の所持人」とされているところ（商法第７６８条）、この「船荷証券の所持人」については、船荷証券の正当な所持人である必要がある旨の解釈が有力であり、そのような解釈を前提として、記名式船荷証券の荷送人が船荷証券の正当な所持人に当たるのか、また、船荷証券上の権利を実質的に有する者といえるのか否かについて、争いがある。

東京地判平成２２年１２月２１日は、この点について、記名式船荷証券の荷送人は、船荷証券上の権利を実質的に有しているとはいえず、ひいては船荷証券の正当な所持人にも当たらない旨の判断を示しているものの、実務上、このような考え方が確立しているか否かについては必ずしも明確ではない。

そこで、試案においては、この点についての立場を明確にすることはせずに、引き続き解釈に委ねることを想定している。

第6　電子船荷証券記録の効力等に関する規律の内容

1　規律の在り方の方向性

電子船荷証券記録の効力等に関する規律の在り方に関しては、次のいずれかの案によるものとする。

【甲案】

紙の船荷証券に適用される商法及び民法等の規定について、包括的な準用規定を設けたり、電子船荷証券記録に適用させるために個別的に書き下したりすることはせずに、次のような規定を置くという考え方。

①　電子船荷証券記録は、船荷証券と同一の効力を有する。

②　運送人又は船長は、電子船荷証券記録を発行したときは、船荷証券を作成及び交付したものとみなす。

③　電子船荷証券記録の支配をする者は、電子船荷証券記録に対して電子裏書をしたときは、船荷証券に対して裏書をしたものとみなす。

④　電子船荷証券記録の記録は船荷証券の記載と、電子船荷証券記録の支配

は船荷証券の占有と、電子船荷証券記録を支配する者は船荷証券の所持人
と、それぞれみなす。
⑤　電子船荷証券記録の支配の移転をした者は、船荷証券の交付、引渡し又
は返還をしたものとみなす。
⑥　電子船荷証券記録の支配をする者は、当該電子船荷証券記録に記録され
た事項を提示したときは、船荷証券を提示したものとみなす。

【乙案】
　紙の船荷証券に適用される商法及び民法の主要な規定についての包括的な準
用規定を設けつつ、読替規定（注）を置くという考え方。ただし、この案におい
ても、「電子船荷証券記録は、船荷証券と同一の効力を有する」旨の規定は別途
設けることとする。
　（注）読替規定については、例えば、次のようなものとなることが考えられる。

　特別の定めがある場合を除き、電子船荷証券記録又は電子複合運送証券記録について
は、その性質に反しない限り、第三編第三章第三節の規定（第757条、第758条、第
765条、第766条、第767条及び第769条の規定を除く。）及び民法（明治二十
九年法律第八十九号）第三編第一章第七節の規定（同法第520条の2、第520条の
3、第520条の7、第520条の8（同法第520条の18及び第520条の20で準
用される場合を含む。）、第520条の11（同法第520条の18及び第520条の20
で準用される場合を含む。）、第520条の12（同法第520条の18及び第520条の
20で準用される場合を含む。）、第520条の13、第520条の17、第520条の1
9の規定を除く。）を準用する。この場合において、これらの規定中、「船荷証券」とある
のは「電子船荷証券記録」と、「指図証券」とあるのは「指図式の電子船荷証券記録」
と、「記名式所持人払証券」又は「無記名証券」とあるのは、「第●条第2項（注：第5の
第2項の規定）に定める電子船荷証券記録」と、「その証券」とあるのは「その電子船荷
証券記録」と、「記載」とあるのは「記録」と、「作成」とあるのは「発行」と、「裏書」
とあるのは「電子裏書」と、「占有」とあるのは「支配」と、「証券上の権利」とあるのは
「電子船荷証券記録上の権利」と、「所持人」とあるのは「支配をする者」と、「指図証券
の債務者」又は「記名式所持人払証券の債務者」とあるのは「運送人」と、第760条中
「善意の所持人」とあるのは「その支配をする善意の者」と、第762条中「船荷証券
は、」とあるのは「電子船荷証券記録上の権利は、当該電子船荷証券記録が」と、「裏書に
よって」とあるのは「当該電子船荷証券記録の支配の移転及び電子裏書をすることによっ
て」と、第763条中「を引き渡したときは、その引渡しは」とあるのは「の支配を移転
したときは、その移転は」と、第764条中「これと引換えでなければ」とあるのは「当
該受取電子船荷証券記録の支配の移転又は消去その他当該電子船荷証券記録の利用及び支
配の移転をすることができないようにする措置と引換えでなければ」と、民法第520条
の5及び同法第520条の15中「を返還する義務」とあるのは「の支配の移転をする義
務」と、同条中「を取得した」とあるのは「の支配の移転を受けた」と、同法第520条
の6及び第520条の16中「譲渡前の債権者」とあるのは「支配が移転する前の支配を
する者」と、「善意の譲受人」とあるのは「その支配をする善意の者」と、同法第520
条の9中「所持人がその証券を提示して」とあるのは「電子船荷証券記録（記名式であっ

> て電子裏書を禁止する旨の記録がされているものを除く。）を支配する者がその電子船荷
> 証券記録に記録された事項を提示して」と、同法第５２０条の１０中「署名及び押印」と
> あるのは「署名及び押印に代わるものとして法務省令で定める措置」と、同条中「債務
> 者」とあるのは「運送人」と読み替える。

【丙案】

　紙の船荷証券に適用される規定のうち電子船荷証券記録に適用すべきものに
ついて、個別的に書き下す（注）という考え方。ただし、この案においても、
「電子船荷証券記録は、船荷証券と同一の効力を有する」旨の規定は別途設ける
こととする。

　（注）その内容は、後記２の内容とすることを想定している。ただし、紙の船荷証券に適用
　　　される商法の規定については、後記２のように電子船荷証券記録の規定を別個に規定す
　　　るのではなく、紙の船荷証券に適用される商法の規定の中に組み込む形で規定すること
　　　も考えられる。

【丁案】

　乙案及び丙案の折衷的な考え方として、紙の船荷証券に適用される商法の規
定のうち電子船荷証券記録に適用すべきものについては、紙の船荷証券に適用さ
れる商法の規定の中に電子船荷証券記録を組み込むこととしつつ、紙の船荷証券
に適用される民法の規定のうち電子船荷証券記録に適用すべきものについては、
包括的な準用規定を設けつつ、読替規定（注）を置くという考え方。この案にお
いても、「電子船荷証券記録は、船荷証券と同一の効力を有する」旨の規定は別
途設けることとする。

　（注）読替規定については、乙案の読替規定の条文イメージから商法の規定に関する部分を
　　　除外したものになることが考えられる。

（補足説明）

　⑴　MLETR 及びイギリス提出法案（Law Commission 草案）のアプローチ

　　ア　MLETR のアプローチ

　　　　MLETR においては、"functional equivalence"（機能的同等性）、すなわち、
　　　法が電子的ではないものを要求している（あるいはそれを認めている）場合
　　　には、それが果たしている機能と同等の機能を電子の世界で果たしているも
　　　のには同等の法的効果を認めるという原則を基本としつつ、「移転可能な証
　　　書又は文書」（船荷証券に限られない。）に係る「書面」、「署名」、「占有」、
　　　「占有の移転」、「時間又は場所の表示」及び「裏書」等に関して、電子的移
　　　転可能記録が移転可能な証書又は文書と機能的同等性を持つための要件を定
　　　め、それらの要件を満たす場合に、電子的移転可能記録が移転可能な証書又
　　　は文書と同等の法効果を持つことを認めるというアプローチが取られている。

　　　　そのため、MLETR においては、移転可能な証書又は文書に適用される既存
　　　の法規定については、何らの言及がされておらず、個別の法規定に関して、
　　　紙面と電磁的記録の性質上の違いを具体的にどのように反映するかという点
　　　については示されていない。

　イ　イギリス提出法案及びLaw Commission草案のアプローチ

　　イギリス提出法案及びLaw Commission草案は、MLETRの考え方を重視しつつ、MLETRとは若干異なる規律の在り方を採用している。

　　すなわち、イギリス提出法案及びLaw Commission草案においては、船荷証券に限られない電子取引文書に関して、まず、「人は電子取引文書を占有し、裏書し及び占有を喪失し得る」と定め（イギリス提出法案第3条第1項）、その上で、以下のとおり、一定の要件を満たした電子取引文書が紙の取引文書と同等の効果を持つことを認める旨の抽象的な規定を設けることで機能的同等性を実現しようとしている。

イギリス提出法案第3条第2項、第3項及び第4項（注）

　2　電子取引文書は紙の取引文書と同様の効果を有する。

　3　電子取引文書と同等の紙の取引文書に関連して行われるものと対応して、電子取引文書に関連して行われるものは、紙の取引文書に関連して生じる効果と同様の効果を有する。

　4　電子取引文書は、動産担保に関するスコットランド議会のあらゆる法律の適用上、動産として扱われるものとする。

　（注）第4項については、Law Commission草案では定められておらず、イギリス提出法案で新たに規律された条項である。

　　なお、イギリス提出法案が第3条第2項に加えて同条第3項及び第4項を置いている趣旨は、必ずしも明らかではないものの、電子取引文書につき、紙の取引文書と同様の法律関係を生じさせようとする場合において、必ずしもそれらの法律関係の全てが紙の船荷証券の効果（"effect"）とはいえない可能性もあるため、保守的にその範囲を広げるために置かれたものと推測される。

⑵　甲案

　　甲案は、「電子船荷証券記録は、船荷証券と同一の効力を有する。」といったように電子船荷証券記録が紙の船荷証券と同一の効力を有する旨の抽象的な規定（以下、このような規定を「同一効力規定」という。）を設けつつ、電子船荷証券記録の利用に関わる主要な概念について、これに相当する紙の船荷証券に関する概念との関係で、例えば、「電子船荷証券記録を発行したときは、船荷証券を作成及び交付したものとみなす。」といった規定（以下、このような規定を「みなし規定」という。）を設けることで、私法上の法律関係において、両者の機能的同等性を実現しようとするものである。

　　このようなアプローチは、MLETRの考え方やイギリス提出法案及びLaw Commission草案に最も親和的なものといえ、また、電子船荷証券記録に関する規定全体が極めてシンプルなものになるという利点も認められる。部会においてもそのような意見は多くみられたところである。

　　しかしながら、その一方で、甲案については、電子船荷証券記録の法律関係を解釈に委ねる部分が非常に多くなるため、その適用関係が不明確になるおそれが否定できない。部会の中でも、成文法主義を採る我が国の立法の姿

勢として望ましくはないのではないかとの意見もみられたところである。

　なお、同一効力規定に加えて一定のみなし規定を設けたとしても、紙の船荷証券に適用される規定のうち電子船荷証券記録にも適用すべきものの全てについて適用されることになるとは限らないといった指摘も考えられ、これを回避するために、同一効力規定やみなし規定によって当然に適用される規定以外の規定については、個別的に規定を置くことも考えられるところではある。もっとも、そのような考え方を採用する場合には、紙の船荷証券に適用される規定については、①電子船荷証券記録にも当然に適用されるものとして特に規定を設けないもの、②電子船荷証券記録に当然には適用されないものとして個別的に規定を設けるもの、③電子船荷証券記録には適用すべきではないものとして規定を設けないものに分類されることになり、①と③については、文言上明確に区別されるわけではないことから、全体としてわかりにくい規定ぶりとなる可能性が高い上に、シンプルな規定という利点も失われ、法制上の問題は大きいものと考えられる。また、コモン・ローの考え方に根ざした英米法系の国とは異なり、大陸法系に属し、制定法主義をとる我が国においては、このような規律の在り方は馴染みにくいものと考えられる。

⑶　乙案

　乙案は、「特別の定めがある場合を除き、電子船荷証券記録については、その性質に反しない限り、（商法）第三編第三章第三節の規定及び民法第三編第一章第七節の規定を準用する。」などと、紙の船荷証券に適用される商法及び民法の規定についての包括的な準用規定を設けつつ、読替規定を置くという考え方である。

　乙案は、準用の範囲を明示することで甲案への指摘（同一効力規定に加えて一定のみなし規定を設けたとしても、紙の船荷証券に適用される規定のうち電子船荷証券記録にも適用すべきものの全てについて適用されることになるとは限らないという指摘）を克服することができるものと考えられる。また、我が国の法制上、「その性質に反しない限り」といった限定を置きつつ、包括的な準用規定を置くという前例が存在していることに鑑みても（民法第２６６条第２項、同第２７３条第１項、同第３６１条第１項、民事訴訟法第１２２条第１項、同第３４１条第１項等）、甲案に比べると法制上の問題は大きくないものと考えられる。

　ところで、「その性質に反しない限り、・・・の規定を準用する。」と規定することにより、民法の規定の適用関係等の紙の船荷証券についても解釈に委ねられている問題について、紙の船荷証券についての解釈を踏襲することができるという利点がある一方で、読替規定を置くことによって適用関係等をある程度明らかにしなければならないことになるため、上記の利点は限定的なものとならざるを得ないものとも考えられる。

　また、試案の読替規定の例においては、電子船荷証券記録の譲渡等の方式については、別途、前記第５の規律を設けることを前提に、民法第５２０条

の2、第520条の3等の規定は準用の対象から除外しているが、これらも包括準用の対象に含め、前記第5の規律を独自に設けることはしないことも考えられるところではある。

　なお、このような包括的な準用規定を設ける場合であっても、電子船荷証券記録が有価証券ではない以上、有価証券であることから当然に認められる法律上の効果の全てを拾い切れていない可能性があるため、甲案と同様に同一効力規定を設けておくこととしている。

　部会においても、乙案については、紙の船荷証券について適用される規定を包括的に準用するものであることから、丙案に比べると MLETR の考え方に親和的であるといえるのではないかとの意見もみられたところではある。

　ただし、乙案については、膨大な分量の読替規定を置くこととなり、読みにくい条文となるという点が難点である。

⑷　丙案

　丙案は、紙の船荷証券に適用される規定のうち電子船荷証券記録に適用すべきものについて、個別的に書き下すという考え方である（紙の船荷証券に適用される商法の規定については、後記2のように電子船荷証券記録の規定を別個に規定するのではなく、紙の船荷証券に適用される商法の規定の中に組み込む形で規定することも考えられる。）。

　丙案は、電子的移転可能記録又は電子取引文書全般の一般法の形式をとる MLETR やイギリス提出法案及び Law Commission 草案とは異なり、機能的同等性の考え方を前提としつつも、紙の船荷証券と電子船荷証券記録の性質上の違いを踏まえた柔軟な対応が可能になるという利点があるほか、条文上、電子船荷証券記録に適用される法律関係が一見して明らかになるという利点が存在する。また、このような立法姿勢は、制定法主義をとる我が国の法体系全般とも親和的であるとも考えられる。

　他方で、丙案については、甲案や乙案に比べると、電子船荷証券記録に関する規律の全体が MLETR やイギリス提出法案及び Law Commission 草案のアプローチとは異なる外観を持つ面があることは否定できない。しかしながら、丙案も、電子船荷証券記録について紙の船荷証券との機能的同等性を認めるためのアプローチという点では MLETR と同様であり、また、"non-discrimination"（非差別）、"functional equivalence"（機能的同等性）、"technological neutrality"（技術的中立性）といった MLETR の基本原則とも整合的である。また、「支配」概念の創設、"Singularity"や"Integrity"といった技術的要件の内容、紙の船荷証券と電子船荷証券記録の間の転換の規律などを含めて、個々の規定の内容としては、MLETR と決して矛盾するものではなく、むしろ十分に親和性があるものとの評価も可能である。外観上、MLETR やイギリス提出法案のようなシンプルな規律となっていない点も利害関係者等が正しく外国関係者に発信していくことで、MLETR の考え方と矛盾するものでないことを示していくこともできるものと思われる。

　また、丙案において、紙の船荷証券に適用される規定のうち電子船荷証券

記録について適用すべきものを個別的に書き下す場合であっても、電子船荷
証券記録が有価証券ではない以上、有価証券であることから当然に認められ
る法律上の効果の全てを拾い切れていない可能性があるため、甲案と同様に
同一効力規定を設けておくこととしている。部会においても、この点には異
論はなく、規律の漏れを防ぐという意味合いのほか、このような同一効力規
定の存在自体がMLETRの考え方に親和的であるとの意見もみられた。

(5)　丁案

丁案は、乙案及び丙案の折衷的な考え方として、紙の船荷証券に適用され
る商法の規定のうち電子船荷証券記録に適用すべきものについては、紙の船
荷証券に適用される商法の規定の中に電子船荷証券記録を組み込むこととし
つつ、紙の船荷証券に適用される民法の規定のうち電子船荷証券記録に適用
すべきものについては、包括的な準用規定を設けつつ、読替規定を置くとい
う考え方である。

この折衷的な考え方を採用し、商法第三編第三章第三節の規定の中に電子
船荷証券記録に関する規律を盛り込みつつ、電子船荷証券記録についての固
有の規定（例えば、転換の規定など）や民法第三編第一章第七節の規定の包
括的な準用規定を別途設けるということができるのであれば、全体の規定ぶ
りとしては、紙の船荷証券とほぼ同様であり、その意味でMLETRと親和的であ
るとの評価も可能であると考えられる。

また、乙案との相違点として、電子船荷証券記録についても、紙の船荷証
券における民法と商法の規定の適用関係（民法の規定が一般法であり、商法
の規定が特別法であるという関係）を可能な限り維持することができる可能
性があるという利点もあるようにも考えられる。

もっとも、民法の規定を包括準用するため、乙案ほどではないものの、分
量の多い読替規定を設けることは避けられないものと考えられる。

2　具体的な規律の内容

電子船荷証券記録の効力等に関する規律の内容に関して、前記1の丙案を採
用する場合の規律の内容は、次のとおりとする。なお、前記1の乙案又は丁案を
採用して読替規定を設ける場合における読替え後の規律の内容についても、基本
的には同様である。

(1)　商法第759条に相当する規定

①　運送人又は船長は、電子船荷証券記録を発行する場合において、商法第
758条第1項第1号及び第2号に掲げる事項につき荷送人又は傭船者の
書面又は電磁的方法による通知があったときは、その通知に従ってその事
項を記録しなければならない。

②　前項の規定は、同項の通知が正確でないと信ずべき正当な理由がある場
合及び当該通知が正確であることを確認する適当な方法がない場合には、
適用しない。運送品の記号について、運送品又はその容器若しくは包装に
航海の終了の時まで判読に堪える表示がされていない場合も、同様とする。

58

　　③　荷送人又は傭船者は、運送人に対し、第1項の通知が正確でないことに
　　　よって生じた損害を賠償する責任を負う。

（補足説明）

　　電子船荷証券記録についても、商法第759条に相当する規律を設けるこ
とが相当と考えられる。

⑵　**商法第760条に相当する規定**

　　運送人は、電子船荷証券記録の記録が事実と異なることをもってその支配
をする善意の者に対抗することができない。

（補足説明）

　　電子船荷証券記録についても、商法第760条に相当する規律を設けるこ
とが相当と考えられる。

⑶　**商法第761条に相当する規定**

　　電子船荷証券記録の発行がされたときは、運送品に関する処分は、電子船
荷証券記録によってしなければならない。

（補足説明）

　　電子船荷証券記録についても、商法第761条に相当する規律を設けるこ
とが相当と考えられる。

⑷　**商法第762条に相当する規定**

　　電子船荷証券記録上の権利は、当該電子船荷証券記録が記名式であるとき
であっても、当該電子船荷証券記録の支配の移転及び電子裏書をすることに
よって、譲渡し、又は質権の目的とすることができる。ただし、当該電子船
荷証券記録に電子裏書を禁止する旨を記録したときは、この限りでない。

（補足説明）

　　商法第762条に相当する規律については、電子船荷証券記録の類型及び
譲渡等の方式に係る規律の中でその趣旨を含めることも考えられるが、商法
第762条は、裏書禁止文言のない記名式の船荷証券については、裏書によ
って譲渡等をすることができることを定めるのみで、そのような船荷証券が
あらゆる場面で民法第520条の2以下の「指図証券」となることまでをも
明示的に定めているわけではないため、紙の船荷証券と同様の規律を維持す
るために、前記第5の規定とは別に、商法第762条に相当する規律を設け
ることが考えられる。

⑸　**商法第763条に相当する規定**

　　電子船荷証券記録により運送品を受け取ることができる者に電子船荷証券
記録の支配を移転したときは、その移転は、運送品について行使する権利の
取得に関しては、運送品の引渡しと同一の効力を有する。

（補足説明）

　　電子船荷証券記録についても、商法第763条に相当する規律を設けるこ
とが相当と考えられる。

⑹　**商法第764条に相当する規定**

　　電子船荷証券記録の発行がされたときは、当該電子船荷証券記録の支配の

移転又は消去その他当該電子船荷証券記録の利用及び支配の移転をすることができないようにする措置と引換えでなければ、運送品の引渡しを請求することができない。

（補足説明）

　電子船荷証券記録についても、商法第７６４条に相当する規律を設けることが相当と考えられる。

　商法第７６４条は、船荷証券のいわゆる受戻証券性を定めるものであり、運送人に対する船荷証券の引渡しに相当するものとして、運送人に対する電子船荷証券記録の支配の移転を要件とすることが考えられる。MLETR においても、履行請求時の交付（surrender）の機能的同等性を定める条文はないが、当該機能は電子的移転可能記録については支配の移転によって果たされると解されているようである（MLETR の Explanatory Note の para. 121）。

　しかしながら、受戻証券性として紙の船荷証券との引換えが求められている趣旨は、もっぱら船荷証券の占有を運送人に移し、その後運送人が二重に運送品の引渡請求を受けることを防止することにあると考えられ、そうであれば、電子船荷証券記録の支配の移転に限らず、何らかの方法で電子船荷証券記録がその後に流通又は利用されないようにする措置がとられた場合にも同様に取り扱ってもよいように考えられる。また、その選択肢を広げることで、より多くのシステムを許容することになる（運送品を引き渡す場面において、運送人に対する電子船荷証券記録の支配の移転以外の方法が用いられるシステムにも対応することができる。）と考えられる。

　そこで、①当該電子船荷証券記録の支配の移転に加えて、②消去その他当該電子船荷証券記録の利用及び支配の移転をすることができないようにする措置についても含める形で規律することとしている。

　なお、この点については、受取船荷証券に相当する電子船荷証券記録と引換えに船積船荷証券又はそれに相当する電子船荷証券記録の交付又は発行を請求する場合についても同様に当てはまるものと考えられる（前記第２の１参照）。

⑺　商法第７６５条、第７６６条及び第７６７条
　　電子船荷証券記録には適用しない。

（補足説明）

　商法第７６５条、第７６６条及び第７６７条は、船荷証券が複数通発行された場合の規律である。前記第２の２の補足説明⑵のとおり、電子船荷証券記録について複数通発行を認めないこととするため、これらの規定は電子船荷証券記録には適用しないこととなる。

⑻　商法第７６８条に相当する規定
　　電子船荷証券記録が発行された場合における前編第八章第二節の規定の適用については、第５８０条中「荷送人」とあるのは、「電子船荷証券記録を支配する者」とし、第５８１条、第５８２条第２項及び第５８７条ただし書の規定は、適用しない。

（補足説明）

　　電子船荷証券記録についても、商法第二編第八章第二節の物品運送契約に関する規律のうち、第５８０条、第５８１条、第５８２条第２項及び第５８７条ただし書については、紙の船荷証券が発行された場合と同様に、一定の読替え及び適用除外を定めることが相当と考えられる。

　　なお、前記第５の補足説明３(4)のとおり、商法第７６８条によって読み替えられる同法第５８０条の「船荷証券の所持人」に記名式船荷証券の荷送人が当たるか否かについては、実務上争いがあるところではあるが、試案の規律案では、商法第５８０条中「荷送人」を「船荷証券の所持人」に相当する「電子船荷証券記録を支配する者」に読み替えることで、紙の船荷証券に係る解釈がそのまま維持されることを意図しつつ、この論点についての立場を明らかにしないことにしている。

(9)　民法第５２０条の２、第５２０条の３、第５２０条の１３、第５２０条の１９第１項

　　前記第５の電子船荷証券記録の類型及び譲渡等の方式に関する規定として定める（前記第５参照）。

(10)　民法第５２０条の４及び第５２０条の１４に相当する規定

　　①　指図式の電子船荷証券記録（商法第●条（注：前記(4)の規定）本文の規定により、電子船荷証券記録の支配の移転及び電子裏書をすることによって、当該電子船荷証券記録上の権利を譲渡し、又は質権の目的とすることができる場合における当該電子船荷証券記録を含む。）を支配する者において、電子裏書の連続によりその権利を証明するときは、その者は、当該電子船荷証券記録上の権利を適法に有するものと推定する。この場合において、抹消された電子裏書は、これを記録しなかったものとみなし、白地式電子裏書に次いで他の電子裏書があるときは、当該電子裏書を行った者は、白地式電子裏書によって電子船荷証券記録の支配の移転を受けた者とみなす。

　　②　前項の規定は、最後の電子裏書が白地式電子裏書であるときも適用する。

　　③　商法第●条第●項（注：前記第５の第２項の規定）に規定する電子船荷証券記録を支配する者は、当該電子船荷証券記録上の権利を適法に有するものと推定する。

（補足説明）

　　まず、「支配の移転」に加えて「電子裏書」をその権利譲渡に係る効力発生要件として規律している指図式の電子船荷証券記録については、指図証券に関する権利推定を定める民法第５２０条の４に準じて、電子裏書の連続によってその権利を証明したときに権利推定が及ぶこととし、それ以外の記名式持参人払型及び無記名型については、民法第５２０条の１４に準じて、その支配をすることのみをもって権利推定が及ぶこととしている。

　　また、手形法第１６条第１項第２文以下の規定を踏まえて、第１項の後段及び第２項の規定を加えている。この点、民法第５２０条の４においては、

手形法第１６条第１項第１文に相当する規定のみを置き、第２文以下に相当する規定を置いていないが、民法第５２０条の３で裏書の方式に関する定めとして手形法上の白地式裏書に係る規定が準用されていると考えられることからすると、手形法第１６条第１項第２文以下の規定を（類推）適用するという考え方が有力であり、船荷証券につき白地式裏書がされることが多いことに鑑みてもその適用が認められる意義は大きいように考えられる。そのため、紙の船荷証券にも手形法第１６条第１項第２文以下の規定が（類推）適用されるという考えを前提に、電磁的船荷証券についても同様の規律を設けることとしている。

⑾　民法第５２０条の５及び第５２０条の１５に相当する規定

①　何らかの事由により電子船荷証券記録（記名式であって電子裏書を禁止する旨の記録がされているものを除く。）の支配を失った者（当該電子船荷証券記録上の権利を適法に有する者に限る。）は、その支配をする者に対し、当該電子船荷証券記録の支配の移転を自己に対してすることを求めることができる。

②　前項の規定にかかわらず、何らかの事由により電子船荷証券記録（記名式であって電子裏書を禁止する旨の記録がされているものを除く。）の支配を失った者がある場合において、その支配をする者が前条（注：前記⑽の規定）の規定によりその権利を証明するときは、その支配をする者は、当該電子船荷証券記録の支配の移転をする義務を負わない。ただし、その支配をする者が悪意又は重大な過失によりその支配の移転を受けたときは、この限りでない。

（補足説明）

　紙の船荷証券については、その他の記名証券型（裏書禁止型）を除き、善意取得に関する規定が用意されているところ、電子船荷証券記録を用いた取引においても、船荷証券を用いた場合と同様に取引の安全が担保されるべきであるため、同様に善意取得に関する規定を設けることが相当と考えられる。この点、民法上の有価証券の善意取得に関する規定は、船荷証券の所持人が一定の要件を満たす場合には、「その証券を返還する義務を負わない」ということを規律するのみであるが、その前提としては、船荷証券の所持者に船荷証券の返還義務、言い換えると、船荷証券の占有を失った者がその船荷証券の所持人に対して有する船荷証券の返還請求権が存在すると考えられる。この返還請求権の法的性質については、必ずしも明らかではないものの、占有を失った要因などに応じて、所有権に基づく物権的請求権（返還請求権）、占有訴権（民法第２００条）、不当利得返還請求権（民法第７０３条、第７０４条）などが考えられるところである。しかしながら、電子船荷証券記録は、民法上の「物」ではないため、紙の船荷証券のように動産として物権の客体になるということはできないし、それ自体が財産権を構成するともいい難いため、紙の船荷証券に係る返還請求権と同様の請求権が発生するとは考え難いこととなる。そこで、善意取得に関する規定を置く前提として、第１項の

とおり、当該電子船荷証券記録上の権利を適法に有しながらその支配を失った者から支配をする者への返還請求権を別途規定することとしている。なお、このような返還請求権は、善意取得の規定が適用されない電子裏書禁止型の電子船荷証券記録を支配していた者にも認められるべきであるとも考えられるところであり、そのように考える場合には、第1項の「（記名式であって電子裏書を禁止する旨の記録がされているものを除く。）」は削除することとなる。

　ところで、「当該電子船荷証券記録上の権利を適法に有する者に限る。」としているのは、違法に（正当な権限なく）電子船荷証券記録の支配をしていた者が支配を失ったときにその移転を求めることができるとするのは相当ではないと考えられるからである。この点について、部会では、そのような趣旨の限定を付すことに異論はみられなかったが、「当該電子船荷証券記録上の権利を適法に有する者に限る。」ではなく、「当該電子船荷証券記録の支配を適法に有する者に限る。」とすることも考えられる旨の意見もみられた。

　いずれにせよ、このような限定がされることにより、商法第580条の「船荷証券の所持人」の解釈との関連で、記名式の電子船荷証券記録の荷送人が支配を失った場合における第1項の適用の有無が問題となり得るところではあり、試案ではその点について解釈の余地を残すこととしているが、商法第580条の処分権と第1項の返還請求権とでは権利の性質も異なるため、商法第580条の「船荷証券の所持人」の解釈が当然に本規定にまで及ぶものではないとも考えられるところである。

⑿　民法第520条の6及び第520条の16に相当する規定

　運送人は、電子船荷証券記録（記名式であって電子裏書を禁止する旨の記録がされているものを除く。）に記録した事項及びその電子船荷証券記録の性質から当然に生ずる結果を除き、その電子船荷証券記録の支配が移転する前の支配をする者に対抗することができた事由をもってその支配をする善意の者に対抗することができない。

（補足説明）

　電子船荷証券記録についても、その他の記名証券型（裏書禁止型）に相当する類型を除いては、債務者の抗弁の制限を定める民法第520条の6及び第520条の16に相当する規律を設けることが相当と考えられる。

　なお、「その支配をする善意の者」は、民法第520条の6及び第520条の16の「善意の譲受人」に相当する者として定めており、「善意」の対象やその判定のタイミングについて、民法第520条の6及び第520条の16の解釈と異なる規律を定めることは意図していない。

　なお、部会においては、民法第520条の6及び第520条の16と商法第760条は重なり合う部分があり、商法第760条は民法第520条の6及び第520条の16の特則にあたると考える余地もあるのではないかとの指摘もあった。確かに、両規定は、有価証券の取引の安全を保護するために善意者を保護するための制度という点では共通するものの、運送人の帰責性

に関わらない人的抗弁の切断を定める民法第５２０条の６及び第５２０条の
１６と不実記載をした運送人の主張制限を定める商法第７６０条の規定は、
両立し得るものと考えられる（例えば、船荷証券の記載事項としては真実で
あるものの、運送人と船荷証券の所持人の間で債権的に所持人の権利行使を
制限する旨の合意がある場合には、商法第７６０条は適用されず、民法５２
０条の６又は民法５２０条の１６が適用されることになるものと考えられ
る。）。そのため、試案においては、商法第７６０条に相当する前記⑵の規定
とは別に、民法第５２０条の６、第５２０条の１６に相当する本規定を置く
こととしている。

⒀　民法第５２０条の７及び第５２０条の１７
　　別途規定は設けない。
（補足説明）
　　前記第５の補足説明３のオのとおり、電子船荷証券記録そのものは固有の
「財産権」には当たらないことを前提としているため、電子船荷証券記録そ
のものを質権の目的とするのではなく、電子船荷証券記録上の権利を質権の
直接の目的として想定し、かつ、電子船荷証券記録上の権利の譲渡と質権の
設定については方式の区別を設けることはせずに同様の規律とすることとし
ている。そのため、前記第５の規定とは別に民法第５２０条の７及び第５２
０条の１７に相当する規定は設けないこととしている。

⒁　民法第５２０条の８
　　電子船荷証券記録には適用しない。
（補足説明）
　　民法第５２０条の８は、弁済の場所に関する規定であり、そもそも紙の船
荷証券にも適用がされないと考えられるため、電子船荷証券記録にも適用さ
れないことを想定している。

⒂　民法第５２０条の９に相当する規定
　　運送人は、その債務の履行について期限の定めがあるときであっても、そ
の期限が到来した後に電子船荷証券記録（記名式であって電子裏書を禁止す
る旨の記録がされているものを除く。）を支配する者がその電子船荷証券記録
に記録された事項を表示したものを提示してその履行を請求した時から遅滞
の責任を負う。
（補足説明）
　ア　総論
　　　電子船荷証券記録についても、民法第５２０条の９に相当する規律を設け
　　ることが相当と考えられる。
　　　この点について、部会においては、受戻証券性を定める商法第７６４条の
　　規定により、船荷証券と引換えでなければ、運送人が遅滞の責任を負うこと
　　はないため、紙の船荷証券においても民法第５２０条の９が適用されること
　　はなく、これに相当する規律を設ける必要はないのではないかとの指摘がさ
　　れたところである。しかしながら、民法第５２０条の９は、遅滞の責任を負

わせるには証券の提示が必要であるという有価証券の性質の一つを定めるものであり、受戻証券性を定める商法第７６４条と全く同じ趣旨の規定とはいえず、船荷証券及び電子船荷証券記録についても、上記のような性質があることを確認しておく意義はあるものと考えられる。また、運送人は、商法第７６４条の規定により同時履行の抗弁権又はそれに類する権利が認められ、船荷証券の引渡し又はその提供がなければ遅滞の責任は負わないものと解されるが、ここでいう船荷証券の引渡し又はその提供と民法第５２０条の９の提示とは、本来的には異なる法律上の概念であって、一方が認められれば必ず他方も認められるとまではいい難いものと考えられる。また、仮に、商法第７６４条の規定により同時履行の抗弁権又はそれに類する権利が認められるものではないと解するのであれば、運送品の引渡しに係る債務の履行について確定期限がある場合に民法第５２０条の９の適用を否定すると、民法４１２条第１項の規定により確定期限の到来によって履行遅滞責任が発生し得ることとなるが、そのような帰結は、船荷証券の呈示証券性又は受戻証券性に照らし、相当ではないようにも思われる。

　また、MLETR においては、「提示（presentation）」に関する規定は置かれていないものの、「提示」という概念を否定しているわけではなく、「提示」という機能の中核を権利を有していることの証明のための手段と捉えた上で、電子的移転可能記録については、その技術的要件として支配する者の特定可能性（前記第３の１の第２号に相当する要件）が求められているため、それに加えて「提示」に関する規定を置く必要はないという判断がされたものと考えられる（MLETR の Explanatory Note の para. 118 参照）。

　以上からすると、紙の船荷証券においても理論上民法第５２０条の９の規定が適用される余地がないとまではいい難く（注）、電子船荷証券記録についても、民法第５２０条の９に相当する規律を設けることが相当と考えられる。

（注）　なお、紙の船荷証券について民法第５２０条の９が適用される場合において、同条の提示はあるが、船荷証券の引渡し又はその提供がないものと認められるときは、同時履行の抗弁権又はそれに類する権利が存在することにより、運送人は、履行遅滞に基づく損害賠償責任を負わないものと考えられる。

イ　その他の記名証券型（裏書禁止型）に相当する電子船荷証券記録の取扱い

　民法の有価証券に関する規定上、指図証券の提示と履行遅滞を定める民法第５２０条の９は、記名式持参人払証券及び無記名証券には明文上準用されているのに対して（民法第５２０条の１３及び第５２０条の２０）、その他の記名証券には明文上は準用されていない（民法第５２０条の１９第２項参照）。そのため、電子船荷証券記録に関して民法第５２０条の９に相当する規定を設けるに当たっても、その対象から電子裏書禁止型の電子船荷証券記録（記名式であって電子裏書を禁止する旨の記録がされている電子船荷証券記録）を除外することとしている。もっとも、その他の記名証券に該当する

ものであったとしても、提示証券性（受戻証券性）を有するものについては、民法第５２０条の９を類推適用すべきであるという考え方もあるところであり、そのような考え方が採用される場合には、試案の規定の文言にかかわらず、電子裏書禁止型の電子船荷証券記録についても当該規定が類推適用されるという余地もあり得るものと考えられる。

　ウ　「提示」の内容

　　　部会においては、実際の船荷証券の実務では、荷受人が運送人に対して運送品の引渡しを請求する場合には、船荷証券の単なる「提示」ではなく、あらかじめ船荷証券（複数通発行されている場合には、その一部）を運送人又はその代理人に差し入れておくことが通常であり、そのような実務を踏まえると、履行遅滞の発生要件としては、「提示」ではなく、「引換え」とすべきなのではないかとの意見もみられた。

　　　しかしながら、前記アのとおり、商法第７６４条の「引換え」と民法第５２０条の９の「提示」とは、本来的には異なる法律上の概念であり、電子船荷証券記録の規定についても、異なる概念を用いることが相当であると考えられる。また、同時履行の抗弁権を有する者が履行遅滞責任を負うためには、相手方において自己の債務を履行することまでは不要であり、履行の提供で足りること（民法第５３３条）を踏まえても、電子船荷証券記録の引換え（電子船荷証券記録の支配の移転又は消去その他当該電子船荷証券記録の利用及び支配の移転をすることができないようにする措置）まで必要とすることは相当ではないものと考えられる。

　　　そのため、試案においては、民法第５２０条の９に倣って、「提示」という概念を用いることとしている（注）。

　　（注）部会においては、当初、「提示」の具体的な方法について法務省令に委任することとし、法務省令において、会社法施行規則第２２６条を参考に「電子船荷証券記録に記録された事項を紙面又は映像面に表示する方法」とすることも検討されていたものの、このような形で具体的な提示の方法を規律することとなると、電子船荷証券記録のシステムの設計によっては、機能的には「提示」に相当する行為が行われた場合であっても、本規定の「提示」には当たらないとされる可能性が出てくることになるため、「提示」の方法の具体的な内容までは定めずに、解釈に委ねることとしている。

⒃　民法第５２０条の１０に相当する規定

　　運送人は、電子船荷証券記録（記名式であって電子裏書を禁止する旨の記録がされているものを除く。）を支配する者及びその電子署名の真偽を調査する権利を有するが、その義務を負わない。ただし、運送人に悪意又は重大な過失があるときは、その弁済は、無効とする。

（補足説明）

　　電子船荷証券記録についても、民法第５２０条の１０に相当する規律を設けることが相当と考える。

　　民法第５２０条の１０の「その証券の所持人並びにその書名及び押印の真

偽」という部分は「（電子船荷証券記録を）支配する者及びその電子署名の真偽」に読み替えている。

　なお、電子署名の真偽などは、実際にその判断を正確に行おうとする場合には、電子船荷証券記録に係るシステムを提供しているシステムプロバイダーの協力が不可欠である場面も多く想定されるものの、本規定上の「権利」は、飽くまで運送人から電子船荷証券記録を支配する者に対する権利であって、システムプロバイダーに対する権利を想定したものではない。運送人とシステムプロバイダーとの間の権利関係は、基本的には両者間の契約（利用規約を含む。）や一般法理で解決されることを想定している。

⒄　民法第５２０条の１１及び第５２０条の１２
　　電子船荷証券記録には適用しない。

（補足説明）

　紙の船荷証券においては、それを喪失した場合には、非訟事件手続法が定める公示催告手続によってそれを無効化することが認められている（民法第５２０条の１１、第５２０条の１８、第５２０条の１９第２項、第５２０条の２０）。

　電子船荷証券記録は、それ自体が民法上の「有価証券」には該当しないことになるため、特段の規定を設けない限りは、喪失時の公示催告手続の適用を受けないことになる。そのため、電子船荷証券記録についても喪失の手続を別途設ける必要があるかどうかが問題となる。

　電子船荷証券記録においては、紙の船荷証券とは異なり、電子船荷証券記録を紛失して他の者がその支配をするに至るといった事態は通常では考え難い上に、何らかの理由によってシステムにアクセスすることができなくなったような場合には、そのシステムを提供する者との間で解決が図られることが想定される。

　また、システムに問題が生じてデータが全て消失するといったことも理論上は考えられるが、そのような場合にも、そのシステムを提供する者を含む関係当事者間で解決が図られることが想定され、例えば、システムの利用規約に何らかの定めがされたり、いわゆる保証渡しのような工夫をすることによって対応したりすることが想定される。

　以上からすると、電子船荷証券記録についての喪失の手続に関する規定を置く必要はないものと考えられる。

⒅　国際海上物品運送法第７条の改正
　　国際海上物品運送法第７条の規律を次のように改めるものとする（下線部は改正箇所を意味する。）。

①　荷受人又は船荷証券所持人若しくは電子船荷証券記録を支配する者は、運送品の一部滅失又は損傷があつたときは、受取の際運送人に対しその滅失又は損傷の概況につき書面又は電磁的方法による通知を発しなければならない。ただし、その滅失又は損傷が直ちに発見することができないものであるときは、受取の日から三日以内にその通知を発すれば足りる。

②　前項の通知がなかつたときは、運送品は、滅失及び損傷がなく引き渡されたものと推定する。

③　前二項の規定は、運送品の状態が引渡しの際当事者の立会いによつて確認された場合には、適用しない。

④　運送品につき滅失又は損傷が生じている疑いがあるときは、運送人と荷受人又は船荷証券所持人若しくは<u>電子船荷証券記録を支配する者</u>とは、相互に、運送品の点検のため必要な便宜を与えなければならない。

（補足説明）

　まず、船荷証券所持人が主体となっている部分については、これと並列する形で電子船荷証券記録を支配する者を加えることが相当であると考えられる。

　また、第１項において、現行法では、文言上、荷受人又は船荷証券所持人は、運送品の一部滅失又は損傷があったときは、受取の際運送人に対しその滅失又は損傷の概況につき「書面による通知」を発しなければならないとされているところ、この通知を書面に限る合理的な理由は乏しいように考えられ、また、実務では既に電子メール等の電磁的な方法が用いられているとの指摘もあるため、「書面」だけではなく、「電磁的方法」についても明文上認めることとしている（注）（なお、「電磁的方法」については別途定義を設けない限り、商法第５７２条第２項及び商法施行規則第１３条の定義に従うこととなる。）。

　（注）国際海上物品運送法は、我が国が批准している船荷証券に関するある規則の統一のための国際条約の１９７９年の改正議定書（いわゆるハーグ・ヴィスビー・ルール）を国内で実施するための法律であるため、上記の点（特に通知方法に電磁的方法を付加すること）について、ハーグ・ヴィスビー・ルールとの抵触が問題とならないかは引き続き検討を行う。

⒆　その他

　上記⑴から⒅までのほか、商法、民法及び国際海上物品運送法において、明示的に「船荷証券」を規律する規定としては、商法第５６３条（介入権）、同第７４１条（荷受人の運送賃支払義務等）、同第７５６条（個品運送契約に関する規定の準用等）、同第７７０条（海上運送状）、同第８０９条（共同海損となる損害又は費用）、国際海上物品運送法第９条（責任の限度）、同第１１条（特約禁止）、同第１２条（特約禁止の特則）、同第１４条、同第１５条（商法の適用）、同第１６条（運送人等の不法行為責任）等の規定が存在するところであるが、これらについては、基本的には、①「船荷証券」と並記する形で「電子船荷証券記録」を追加する、②「船荷証券所持人」と並記する形で「電子船荷証券記録を支配する者」を追加する、③それらに伴い、船荷証券に係る「記載」、「交付」といった用語に、電子船荷証券記録においてそれらに相当する「記録」、「発行」、「支配の移転」といった用語を追加する、④船荷証券に関する既存の商法の規定を準用する規定について、準用の対象にそれらに相当する電子船荷証券記録の条項を追加するといった所要の整備

を行う（注）。

　（注）このほかに、「有価証券」を直接の規律の対象とするものや「船荷証券」や「有価
　　　　証券」に関する商法又は民法の規定を準用する法規定で、電子船荷証券記録との関係
　　　　での実質的な規律内容を検討すべきものがあるかについては引き続き検討を行う。

第７　電子船荷証券記録を支配する者に対する強制執行に関する規律の内容

　　電子船荷証券記録を支配する者に対する強制執行に関する規律の内容については、
次のいずれかの案によるものとする。
　【甲案】
　①　運送人及び電子船荷証券記録を支配する者は、運送品の引渡しに係る債権に
　　　関する強制執行その他の処分の制限がされた場合において、その旨を知った
　　　ときは、遅滞なく、その旨を電子船荷証券記録（これに付随する電磁的記録
　　　を含む。）に記録しなければならない。ただし、運送人及び電子船荷証券記録
　　　を支配する者がその記録をすることができないときは、この限りでない。
　②　〔【甲－１案】運送品の引渡しに係る債権に関する強制執行その他の処分の
　　　制限がされたとき／【甲－２】前項の記録がされたとき〕は、電子船荷証券
　　　記録は、その効力を失う。
　【乙－１案】（注）
　①　電子船荷証券記録が発行されている場合における運送品の引渡しに係る債権
　　　に対する強制執行又は民事保全に関する民事執行法第１４３条第１項（民事
　　　保全法第５０条第１項で準用される場合を含む。）の規定の適用については、
　　　動産執行の目的となる有価証券が発行されているものとみなすことにより、
　　　運送品の引渡しに係る債権は、強制執行等の対象にはならないものとする。
　②　電子船荷証券記録を支配する者の債権者は、電子船荷証券記録を支配する者
　　　の運送人に対する船荷証券への転換請求権を代位行使することができるもの
　　　とし、その場合には、当該電子船荷証券記録の支配の移転又は消去その他当
　　　該電子船荷証券記録の利用及び支配の移転をすることができないようにする
　　　措置と引き換えにすることは要しないものとする。
　　（注）前記第４の２において乙案を採用する場合においてのみ採用し得る。
　【乙－２案】
　①　電子船荷証券記録が発行されている場合における運送品の引渡しに係る債権
　　　に対する強制執行又は民事保全に関する民事執行法第１４３条第１項（民事
　　　保全法第５０条第１項で準用される場合を含む。）の規定の適用については、
　　　動産執行の目的となる有価証券が発行されているものとみなすことにより、
　　　運送品の引渡しに係る債権は、強制執行等の対象にはならないものとする。
　②'電子船荷証券記録を使用、収益又は処分する権利に対する強制執行がされた
　　　場合には、債権者は、当該電子船荷証券記録を支配する債務者に対し、その
　　　支配の移転を自己に対してすることを求めることができる。
　【丙案】
　　運送品の引渡しに係る債権に対する強制執行がされた場合には、債権者は、

当該電子船荷証券記録を支配する債務者に対し、その支配の移転を自己に対してすることを求めることができる。

【丁案】

　電子船荷証券記録を支配する者に対する強制執行に関して、特段の規律は新設しない。

（補足説明）

1　前提となる整理

⑴　紙の船荷証券が交付されている場合の強制執行

ア　裏書禁止のない船荷証券が交付されている場合

　　裏書禁止のない船荷証券は、民事執行法第１２２条第１項の「裏書の禁止されている有価証券以外の有価証券」に該当するため、当該船荷証券そのものが動産として強制執行の対象となる。その場合には、運送品の引渡しに係る債権については、民事執行法第１４３条の「動産執行の目的となる有価証券が発行されている債権」に該当することとなるため、債権執行の対象とはならないものと考えられる。

　　船荷証券が動産として強制執行の対象となる場合には、執行官が船荷証券を占有することにより行うこととされ（民事執行法第１２３条第１項）、その換価は売却（競り売り・入札・特別売却）によることとなる（民事執行法第１３４条）。執行官は、船荷証券を売却したときは、買受人のために、債務者に代わって裏書などの行為をすることができる（民事執行法第１３８条）。

イ　裏書禁止のある船荷証券に関する強制執行

　　裏書禁止のある船荷証券は、民事執行法第１２２条第１項の「裏書の禁止されている有価証券以外の有価証券」に該当しないこととなるため、当該船荷証券そのものが動産として強制執行の対象とはならないものと考えられる。その場合には、運送品の引渡しに係る債権については、民事執行法第１４３条の「動産執行の目的となる有価証券が発行されている債権」には該当しないこととなるため、債権執行の対象となるものと考えられる。

　　運送品の引渡しに係る債権が債権執行の対象となる場合には、これを差し押さえる（民事執行法第１４３条）ことにより、執行手続が開始される。差押命令により、債務者に対しては債権の取立てその他の処分が禁止され、第三債務者に対しては債務者への弁済が禁止されることとなる（民事執行法第１４５条第１項）。最終的には、執行官に動産を引き渡すべきことを請求することや（民事執行法第１６３条第１項）、要件を満たす場合には当該債権の譲渡命令により換価することとなる。

　　なお、船荷証券は、差押えに係る債権についての証書に当たるものと考えられることから、差押債権者に対してこれを引き渡すこととなる（民事執行法第１４８条第１項）。この場合においては、差押債権者は、動産の引渡しの強制執行の方法により船荷証券の引渡しを受けることができる。その結果、

船荷証券が持つ受戻証券性（商法第７６４条）は執行手続上の障害にはならないこととなる。

⑵　電子船荷証券記録に関する強制執行についての基本的な考え方

　ア　電子船荷証券記録は、民法上の「物」、「有価証券」そのものではなく、民事執行法第１２２条第１項の「裏書の禁止されている有価証券以外の有価証券」に該当しないこととなるため、電子船荷証券記録そのものが動産として強制執行の対象とはならないものと考えられる。

　　　また、電子船荷証券記録が発行されている場合における運送品の引渡しに係る債権は、民事執行法第１４３条の「動産執行の目的となる有価証券が発行されている債権」には該当しないこととなるため、特段の規律を設けない限り、債権執行の対象となるものと考えられる。もっとも、電子船荷証券記録は、民事執行法第１４８条第１項の「証書」には当たらないものと考えられるため、債務者に電子船荷証券記録の支配の移転義務はないこととなる。

　　　その結果、運送人は、債務者への弁済を禁止されることになるため（民事執行法第１４５条第１項）、債務者が電子船荷証券記録を支配していてもその債務者に運送品を引き渡すことができないこととなる一方で、運送品の引渡しを請求しようとする者は、電子船荷証券記録の支配の移転と引換えでなければ運送品の引渡しを請求することができないということとなり（前記第６の２⑹の商法第７６４条に相当する規定による。）、特段の規律を設けない限り、運送品の引渡しに関する法律関係が不明確になるおそれがある。

　イ　この点、電子船荷証券記録と同様に、実質的には有価証券の電子化を図ったものと解されることもある電子債権記録については、それ自体が独自の金銭債権であることが前提とされながらも、電子債権記録機関が管理する記録原簿で管理されているという電子記録債権の特性を踏まえて、電子債権記録機関という第三者を強制執行手続に組み込む形で民事執行法の特則が置かれている（電子記録債権法第４９条、民事執行規則第１５０条の９以下等）。

　　　しかしながら、電子船荷証券記録を法制化するに当たって、国の認証を受けた機関による関与を必要的なものとしないことを前提としているため（前記第３の１の補足説明１⑶参照）、電子記録債権における電子債権記録機関のようなある種の中央管理機関のような存在を前提として、強制執行手続の規律を設けることは難しいものと考えられる。

　ウ　なお、実際に我が国の法律に基づき、電子船荷証券記録が発行される場合には、その多くは既存の規約型の電子式船荷証券のように、特定のシステムプロバイダーが提供するシステムが用いられることが予想され、そこでは一定の管理権限を持つ主体の存在が観念されることになるとも考えられる。

　　　しかしながら、当該主体が電子船荷証券記録に対してどこまでの介入権限を持つかどうかは個々のシステムやその利用規約に依存するところが大きく、また、近年ではブロックチェーン技術を用いた分散台帳によってデータ管理・運用が行われることも多く（実際に既存の規約型の電子式船荷証券においてもブロックチェーン技術が用いられることは珍しくないと思われる。）、

　　　その場合には、通常、システムプロバイダーが記録自体に持つ介入権限は極
　　めて限定的であると考えられる。
　　　　これらを踏まえると、システムプロバイダーの存在を前提とした強制執行
　　の仕組みを構築することは極めて困難であり、かつ、そのような法制は国際
　　的な調和からも外れるものと考えられる。
　エ　以上を前提に、強制執行の場面で運送品の引渡しに関する法律関係が不
　　明確になるという点をどのように解消するのかが問題となる。なお、試案
　　では、強制執行に関する規律について検討しているが、国税徴収上の滞納
　　処分についても、強制執行の取扱いを踏まえ、検討していく必要があると
　　考えられる。
２　甲案
⑴　甲案は、電子船荷証券記録が発行されている場合であっても、運送品の引渡
　しに係る債権が強制執行等の対象となることを前提に、そのような場合には、
　電子船荷証券記録の効力が失われるものとすることなどにより、電子船荷証
　券記録を支配する者よりも強制執行手続等を優先させようとするものである。
⑵　また、甲案は、取引の安全が害されることを可能な限り防ぐために差押命令
　等の送達を受けるなどしてその旨を知った運送人及び当該電子船荷証券記録
　を支配する者に電子船荷証券記録（これに附随する電磁的記録を含む。）への
　記録を求めることとしている。
⑶　電子船荷証券記録の効力が失われることと電子船荷証券記録への記録との関
　係については、この記録がされたか否かにかかわらず、運送品の引渡しに係
　る債権に対する強制執行等がされた場合には電子船荷証券記録の効力が失わ
　れるとする甲－１案のほか、この記録がされた場合に限って電子船荷証券記
　録の効力が失われるものとする甲－２案が考えられる。甲－２案については、
　電子船荷証券記録上において強制執行等の事実が客観的に明らかとなった場
　合に限って、電子船荷証券記録を無効化することになるため、電子船荷証券
　記録の効力の有無が客観的に明らかになるという利点はあるものの、他方で、
　そのような記録がされない限りは、電子船荷証券記録が無効化されず、受戻
　証券性の問題が残ることになるため、強制執行の場面で運送品の引渡しに関
　する法律関係が不明確になるという点をどのように解消するのかという点で
　は甲－１案に劣ることとなる。
　　　また、いずれの案による場合であっても、電子船荷証券記録のシステムに
　よっては、強制執行等があった旨を電子船荷証券記録（これに附随する電磁
　的記録を含む。）に記録できないことも考えられるため、運送人及び電子船荷
　証券記録を支配する者がその記録をすることができないときには、当該記録
　義務が発生しないことを明確化している。
⑷　また、甲案は、民事保全法に基づく仮差押えがされた場合であっても電子船
　荷証券記録の効力が失われるというものであるが、民事保全法に基づく仮差
　押えがされただけでは、原則として執行官が船荷証券を保管するにとどまり
　（民事保全法第４９条）、仮差押債権者が運送人に対して船荷証券と引換えに

運送品の引渡しを受けることができるわけではないし、本執行に移行するとも限らないのであるから、民事保全法に基づく仮差押えがされた段階では電子船荷証券記録の効力が失われるものとすることまでは必要がないとすることも考えられるところではある。もっとも、このような考え方による場合には、仮差押えによって債務者への弁済が禁止されることになる一方で、仮差押債権者等が運送品の引渡しを求めることができるわけでもないため、運送品の引渡しに関する法律関係が不明確となる部分が残ることになることに加えて（注）、電子船荷証券記録については、紙の船荷証券とは異なり、比較的容易に再発行をすることができると考えられるため、民事保全法に基づく仮差押えがされた場合を含めて無効化することとしても、問題は大きくないとも考えられるところである。

(注)　紙の船荷証券が仮に差し押さえられた場合であっても、執行官が紙の船荷証券を占有するにとどまるため、運送品の引渡しに関する法律関係が不明確となる部分が残ることから、この点については殊更問題とする必要はないとも考えられる。

(5)　なお、部会では、強制執行の対象として「運送品の引渡しに係る債権」としている点について、「電子船荷証券記録上の権利」とすべきではないかとの指摘もみられた。この点、前記第5の補足説明2(2)のとおり、「電子船荷証券記録上の権利」の内容としては、基本的には、運送品の引渡しに係る債権が想定されるものの、そのほかに電子船荷証券記録に表章される権利が観念される場合にはそれも含まれることを想定している。この点を踏まえ、「運送品の引渡しに係る債権」とすべきか「電子船荷証券記録上の権利」とすべきかについては、引き続き検討する必要がある（この点は、甲案のほか、乙－1案第1項、乙－2案第1項及び丙案においても同様である。）。

3　乙案

(1)　乙案は、電子船荷証券記録が発行されている場合には、電子船荷証券記録そのものは動産執行の対象とはならないことを前提としつつ、運送品の引渡しに係る債権についても強制執行等の対象とはならないとするものである。すなわち、前記1(2)のとおり、電子船荷証券記録が発行されている場合における運送品の引渡しに係る債権は、民事執行法第143条の「動産執行の目的となる有価証券が発行されている債権」には該当しないことから、何の手当もしない場合には運送品の引渡しに係る債権を差し押さえることは可能であると考えられるため、乙案においては、まず、電子船荷証券記録が発行された場合における運送品の引渡しに係る債権は、強制執行又は民事保全の執行の対象とはならないものとしている（第1項）。これにより、運送品の引渡しに関する法律関係が不明確になるという問題は解消されることになるが、その一方で、電子船荷証券記録を支配する者の債権者の利益をどのように確保するかが問題となる。

(2)　この点について、乙－1案は、電子船荷証券記録を支配する者に電子船荷証券記録から紙の船荷証券への転換請求権が認められることを前提に、電子船

荷証券記録を支配する者の債権者が自己の債権を保全するためにこれを代位
行使する手段を確保し、紙の船荷証券が発行された状態を作出させた上で、
前記1(1)のように強制執行手続を進めることを想定している。

　乙－1案は、前記第4の2の乙案を採用することが前提となるが、そこでは、
電子船荷証券記録を支配する者が電子船荷証券記録から紙の船荷証券への転
換請求権を行使するためには、当該電子船荷証券記録の支配の移転又は消去
その他当該電子船荷証券記録の利用及び支配の移転をすることができないよ
うにする措置と引換えに行うことが求められているところ、電子船荷証券記
録を支配する者の債権者がこれらの措置を行うことはできないため、民法第
423条第1項の債権者代位権を行使する場合には、これらの措置が不要で
あること（第三債務者である運送人において、当該措置の履行に係る同時履
行の抗弁権を行使できないこと）こととしている（第2項）。この点について
は、転換前の電子船荷証券記録と引換えに転換を行うものとすることにより、
転換前の電子船荷証券記録が使用されることを防ぎ、取引の安全を確保する
という趣旨が没却される可能性があるということが難点である。

　なお、乙－1案については、部会において、代位行使の要件を具備している
か否かを裁判所の関与がない中で運送人が自己の責任で判断しなければなら
ず、運送人に難しい判断を強いる可能性があるのではないかとの意見もみら
れたところである（注）。

　（注）もっとも、代位行使の要件の問題については、運送品の引渡しに係る債権を代位行
　　　使しようとする場合にも生じ得る問題であり、転換請求権を代位行使する場合に固有
　　　の問題ではない。電子船荷証券記録を支配する者の債権者が強制執行等の手続に及ぶ
　　　といった事態はそもそも多くはないものと考えられるが、仮に、債権者が実効性のあ
　　　る手段を用いるのであれば、転換請求権を被保全権利として仮の地位を定める仮処分
　　　を申し立てることなどが考えられる。

(3)　乙－2案は、乙－1案の転換請求権の代位行使ではなく、「電子船荷証券記
　録を使用、収益又は処分する権利に対する強制執行がされた場合には、債権
　者は、当該電子船荷証券記録を支配する債務者に対し、その支配の移転を自
　己に対してすることを求めることができる。」（第2項）、との規律を置くとい
　うものである。これは、強制執行がされた場合における債権証書の引渡しに
　関する民事執行法第148条第1項の規定と同様の規律を設けるというもの
　である。

　　乙－2案は、電子船荷証券記録を使用、収益又は処分する権利の存在を認
　め、それがその他の財産として強制執行の対象となることを前提としている。
　試案においては、電子船荷証券記録を使用、収益又は処分する権利を譲渡等
　の対象とすることとはしていないが（前記第5の2(2)）、このような権利の存
　在自体を必ずしも否定する必要はないものと考えられる。乙－2案は、この
　ような権利を観念し、その他の財産として強制執行の対象となり得ることを
　認めようとするものであるが、そのことの是非については慎重に検討する必
　要があるものと思われる。

　ところで、第2項の規律によっても、債務者が電子船荷証券記録の支配の移転に協力しなければ実効性に乏しく、電子船荷証券記録を支配する者の債権者の利益を確保することができていないとも考えられる。しかしながら、紙の船荷証券の場合であっても、債権者等があらかじめ紙の船荷証券の保管場所等を把握しているとは限らず、結局は、債務者の協力がなければ事実上奏効しないものとも考えられる。そうであれば、紙の船荷証券の場合と比較しても大きな差異はなく、むしろ、紙の船荷証券の場合と同等の法律関係を形成するという観点から相応しいという評価も可能であるように思われる。

　なお、電子船荷証券記録に対する民事保全法に基づく仮差押えがされた場合については、紙の船荷証券が仮に差し押さえられた場合であっても執行官が紙の船荷証券を占有するにとどまることを踏まえると、仮差押債権者に電子船荷証券記録の支配の移転の求める権利を認める必要まではないものと考えられる。

4　丙案
⑴　丙案は、運送品の引渡しに係る債権に対する強制執行等がされることを前提に、「運送品の引渡しに係る債権に対する強制執行がされた場合には、債権者は、当該電子船荷証券記録を支配する債務者に対し、その支配の移転を自己に対してすることを求めることができる。」との規律を置くというものである。これは、乙案と同様に、強制執行がされた場合における債権証書の引渡しに関する民事執行法第148条第1項の規定と同様の規律を設けるというものである。

⑵　丙案は、運送品の引渡しに係る債権に対する強制執行等がされることを前提にしつつも、電子船荷証券記録の効力を失わせるということまではせずに、その支配の移転を求める権利を認めることによって、できるだけ運送品の引渡しに関する法律関係の不明確さを解消しようとするものである。

　もっとも、債権者等に電子船荷証券記録の支配の移転を求める権利を認めたとしても、債務者が協力しなければ実効性に乏しく、結局は、運送品の引渡しに係る債権に対する強制執行等がされつつも、債務者が電子船荷証券記録の支配をしたままの状態が続くこととなりかねず、そうなると、運送品の引渡しに関する法律関係の不明確さを解消することにはならないようにも思われる。

5　丁案
　丁案は、電子船荷証券記録を支配する者に対する強制執行について、特別な規律を設けないというものである。甲案、乙案及び丙案のいずれも一定の難点を抱えるものであるため、あえて何も規定せずに解釈に委ねようとするものである。

　部会においても、そもそも船荷証券が発行されている場面で（運送品が運送中のタイミングで）船荷証券や運送品の引渡しに係る債権について差押えがされること自体が実務上ほとんどなく、電子船荷証券記録が発行される場合も同様と

推測されるのではないかとの意見や、船荷証券が発行されている場面で強制執行がされた場合であっても、現実的には、執行官が船荷証券の所在を把握し、その占有を取得することは困難と考えられ、民事執行法において、船荷証券が発行されている場面の強制執行についての制度が用意されているとしても、現実的には機能し難い点では、電子船荷証券記録を発行している場合の強制執行の規律を設けないことと実質的な差異は想定し難いのではないかとの意見もみられたところである。また、前記１⑵アのような状態が生じている場合には、「荷受人が運送品の受取を拒み、又はこれを受け取ることができない場合」（商法第５８３条）に該当し、運送人としては運送品の供託や競売を行う余地もあるのではないかとの意見もみられた。

　ただし、丁案は、運送品の引渡しに関する法律関係が不明確になるという点を解消することが難しいようにも考えられるため、その採否については慎重に検討する必要があるように思われる。

第2部　その他の商法上の規定の見直し

第1　海上運送状に関する規定の見直し

　　商法第７７０条第３項の規律を次のように改めるものとする。
　　第一項の運送人又は船長は、海上運送状の交付に代えて、荷送人又は傭船者の承諾を得て、海上運送状に記載すべき事項を電磁的方法により提供することができる。この場合において、当該運送人又は船長は、海上運送状を交付したものとみなす。

（補足説明）
　　現行法上、海上運送状の交付に代えて海上運送状に記載すべき事項を電磁的方法により提供する場合には、法務省令で定めるところにより、荷送人又は傭船者の承諾を得るものとされており（商法第７７０条第３項）、その委任を受けた商法施行規則第１２条第１項においては、「あらかじめ、当該事項の提供の相手方に対し、その用いる電磁的方法の種類及び内容を示し、書面又は電磁的方法による承諾を得なければならない」とし、かつ、「電磁的方法の種類及び内容」についてもその内容を規律している。
　　電子船荷証券記録を発行する場面においても、これと同様に、商法施行規則第１２条第１項に本規定を追加するなどして、相手方（荷送人又は傭船者）の承諾について特定の方式を要求することも考えられるものの、前記第１部第２の１の補足説明(2)のとおり、この承諾に特定の方式を要求する必要性は必ずしも高くなく、また、電子船荷証券記録が異なる国の当事者間で用いられることも多いことを踏まえると、かえって相当ではないとも考えられることから、試案では、電子船荷証券記録の発行に際して、相手方の承諾について特定の方式を要求することはしないことにしている。
　　海上運送状の場合においても、相手方（荷送人又は傭船者）の承諾について特定の方式を要求する必要性は必ずしも高いものではなく、また、海上運送状が電子船荷証券記録と同様に国際海上物品運送の実務で異なる国の当事者間で用いられることが多いものであり、今後も船荷証券や電子船荷証券記録と選択的に用いられることが予想されることに鑑みると、同じく電子媒体である電子船荷証券記録の発行時の承諾と殊更異なる方式を求めることはかえって規律全体を複雑化し、相当ではないと考えられる。
　　そこで、試案では、商法第７７０条第３項を改正し、海上運送状についても、その発行時の相手方（荷送人又は傭船者）の承諾について特定の方式を要求しないこととしている（注）。
　（注）現行の海上運送状と同様に、電磁的方法での発行に係る相手方の承諾について特定の方式を要求することとしている商法第５７１条の送り状（同条第２項）に係る規律についても同様の見直しを行うか否かについては引き続き検討する。

第2　複合運送証券に関する規定の見直し

　電子化された複合運送証券（「電子複合運送証券記録」と呼称する。）について、商法第769条に相当する規定として、次のような規律を設ける。

①　運送人又は船長は、船積みがあった旨を記載した複合運送証券又は受取があった旨を記載した複合運送証券の交付に代えて、荷送人の承諾を得て、船積みがあった旨を記録した電子複合運送証券記録（以下「船積電子複合運送証券記録」という。）又は受取があった旨を記録した電子複合運送証券記録（以下「受取電子複合運送証券記録」という。）を荷送人に発行することができる。

②　電子船荷証券記録の規定の内容に応じて、準用規定を設けるなどして所要の整備を行いつつ、電子複合運送証券記録固有の法定記録事項として、「発行地及び到達地」を加える。

（補足説明）

　船荷証券に関して電子船荷証券記録の法制化を行う場合には、複合運送証券についても同様に電子化を認めることが相当である。

　第1項は、商法第769条第1項に相当する規律である。

　第2項は、商法第769条第2項に相当する規律であるが、具体的な規定ぶりについては、電子船荷証券記録の規定の内容に応じ、引き続き検討することを想定している。

第3　倉荷証券に関する規定の見直し

　倉荷証券についても、電子船荷証券記録と同様の内容でその電子化を検討することでどうか。

（補足説明）

　商法上の有価証券には、船荷証券のほか、倉荷証券（実務上、「倉庫証券」と呼称されることも多い。）がある。

　倉荷証券については、国内の倉庫に保管された物について発行されるものであって、国土交通大臣の許可を受けた倉庫業者に限ってその発行が認められており（倉庫業法第13条第1項）、実務上の利用場面も先物取引等の決済場面等に限定されているなど、利用される場面等が船荷証券とは大きく異なっているものの、倉荷証券についても、電子化のニーズがあることは否定し難いように思われる。そこで、今後、倉荷証券についても、その電子化のための法整備の要否及びその内容を調査、審議していくことを想定している。

　仮に、倉荷証券についても、その電子化のための法整備を行うこととする場合には、基本的には電子船荷証券記録と同様の内容とすることが考えられる。船荷証券と倉荷証券とでは利用される場面等が異なっているが、電子船荷証券記録については、MLETR等を参考に国際的な調和のとれる内容を検討していることから、その検討内容は、倉荷証券の電子化においても十分に参考になるものと考えられるし、倉荷証券も船荷証券も、同じく商法を根拠とするものである以上、電子化

する場合の規律についても、可能な限り共通していることが望ましいものと考えられる。

以上

船荷証券に関する規定等の見直しに関する中間試案の補足説明

（参考資料）MLETR 対照表

	原文	仮訳	中間試案の考え方
Article 1. Scope of application 第1条 適用範囲	1. This Law applies to electronic transferable records. 2. Other than as provided for in this Law, nothing in this Law affects the application to an electronic transferable record of any rule of law governing a transferable document or instrument including any rule of law applicable to consumer protection. 3. This Law does not apply to securities, such as shares and bonds, and other investment instruments, and to [...].	1. この法は、電子的移転可能記録に適用される。 2. この法に定めらているところを除き、この法は、消費者保護に適用可能な法の規定を含み、移転可能証書又は文書を規律する全ての法の電子的移転可能記録への適用について影響を与えるものでない。 3. この法は株券及び債券のような有価証券及び其他の投資証書及び［…］には適用されない。	・ 本条第1項及び第3項について、今回の法改正では商法等を改正するものであって、その適用範囲は明らかであることから、明文の規定は設けていない。 ・ 本条第2項について、既存の実体法に影響を与えるものでないことは明らかであることから、明文の規定は設けていない。
Article 2. Definitions 第2条 定義	For the purposes of this Law: "Electronic record" means information generated, communicated, received or stored by electronic means, including, where appropriate, all information logically associated with or otherwise linked together so as to become part of the record, whether generated contemporaneously or not;	「電子的記録」とは、電子的方法による創出され、通信され、受信され、又は保存される情報を意味し、それが適切な場合は、同時に創出されたか否かに関わらずその記録の一部を構成するように関連付けられ又は論理的に関連付けられた全ての情報を含む。 「電子的移転可能記録」とは、第10条の要	・ 試案第3の1において、同旨の規定を設けることとしている。 ・ 「同時に創出されたか否かに関わらずその記録の一部を構成するように関連付けられ又は結合され若しくは論理的に関連付けられた全ての情報を含む。」との部分については、電子裏書や船積証みがあった旨の法定記録事項以外の要

1

	"Electronic transferable record" is an electronic record that complies with the requirements of article 10; "Transferable document or instrument" means a document or instrument issued on paper that entitles the holder to claim the performance of the obligation indicated in the document or instrument and to transfer the right to performance of the obligation indicated in the document or instrument through the transfer of that document or instrument.	件を満たす電子的記録である。 「移転可能な証書又は文書」とは、紙により発行された証書又は文書であり、その所持人に、当該証書又は文書に表示された義務の履行を請求すること及び当該証書又は文書の移転によって当該証書又は文書に表示された義務の履行への権利を移転することができるようにするものをいう。	事項についての記録が認められ、電子船荷証券記録の一部になることが明らかであることから、明文の規定は設けていない。 ・「移転可能な証書又は文書」の定義については、電子化の対象となる船荷証券が「移転可能な証書又は文書」に当たることは明らかであることから、明文の規定は設けていない。
Article 3. Interpretation 第 3 条　解釈	1. This Law is derived from a model law of international origin. In the interpretation of this Law, regard is to be had to the international origin and to the need to promote uniformity in its application. 2. Questions concerning matters governed by this Law which are not expressly settled in it are to be settled in conformity with the general principles on which this Law is based.	1. この法は国際的な起源を有するモデル法から導かれたものである。この法の解釈にあたっては、その国際的な起源並びにこの法の適用における統一性を推進する必要を考慮しなければならない。 2. この法が規律する事項に関する問題で、この法において明示的に解決されていないことは、この法が依拠する一般原則と整合するように解決されなければならない。	・今回の法改正は商法を改正するものであって、このような解釈規定を置くことは困難であると考えられるが、そもそも、試案は、国際的な調和を重視する観点から MLETR に準拠して立案されたものであることから、明文の規定を設けなくても、本条の趣旨を踏まえて解釈されることになる。
Article 4. Party autonomy and privity of contract	1. The parties may derogate from or vary by agreement the following provisions of this Law: […].	1. 当事者は合意により、この法の以下の規定の適用を除外又は変更することができる。 [・・・・]	・本条第 1 項について、今回の法改正は商法等を改正するものであって、当事者自治の原則が妥当することは明らかであるし、強行規

2

第4条　当事者自治と契約関係	2. Such an agreement does not affect the rights of any person that is not a party to that agreement.	2. かかる合意は当該合意の当事者ではないいかなる者の権利にも影響を与えるものではない。	定と任意規定の区別については解釈に委ねるのが相当であることから、明文の規定は設けていない。 ・　本条第2項についても、合意が当該合意の当事者でない者の権利に影響を及ぼすものでないことは明らかであることから、明文の規定は設けていない。
Article 5. Information requirements 第5条　情報の要求	Nothing in this Law affects the application of any rule of law that may require a person to disclose its identity, place of business or other information, or relieves a person from the legal consequences of making inaccurate, incomplete or false statements in that regard.	この法は、ある者に対してその身元、営業の場所又はその他の情報を開示するように求めるいかなる法の定めの適用にも影響を与えず、また、この点について不正確、不完全又は虚偽の表明をしたことの法的帰結からある者を免れさせることはない。	・　情報の要求等を妨げるものでないことは明らかであることから、明文の規定は設けていない。
Article 6. Additional information in electronic transferable records 第6条　電子的移転可能記録における追加的情報	Nothing in this Law precludes the inclusion of information in an electronic transferable record in addition to that contained in a transferable document or instrument.	この法は、移転可能な証書又は文書に含まれている情報に追加して電子的移転可能記録に情報を含めることを排除するものではない。	・　情報を追加することができることであることから、明文の規定は設けていない。

Article 7. Legal recognition of an electronic transferable record 第 7 条　電子的移転可能記録の法的承認	1. An electronic transferable record shall not be denied legal effect, validity or enforceability on the sole ground that it is in electronic form. 2. Nothing in this Law requires a person to use an electronic transferable record without that person's consent. 3. The consent of a person to use an electronic transferable record may be inferred from the person's conduct.	1. 電子的移転可能記録は、それが電子的形態であるという理由だけで法的効力、有効性又は強制可能性が否定されてはならない。 2. この法は、ある者にその者の同意なく電子的移転可能記録を利用することを要求するものではない。 3. ある者の電子的移転可能記録の利用への同意は、その者の行動から推認されることができる。	・本案第 1 項については、試案第 6 において、船荷証券と同一の効力を有する旨の規定を設けつつ、全体として船荷証券と同様の内容の規定を設けている。 ・本案第 2 項については、試案第 2 の 1 及び第 4 の 1 において、電子船荷証券記録を発行するには運送人及び荷送人双方の合意が必要でその利用が強制されないことしている。 ・本案第 3 項については、試案では、電子船荷証券記録を発行するのに必要な承諾の方式を要求しないものとすることにより、その者の行動から推認することができるものとしている（試案第 2 の 1 の補足説明(2)参照）。
Article 8. Writing 第 8 条　書面	Where the law requires that information should be in writing, that requirement is met with respect to an electronic transferable record if the information contained therein is accessible so as to be usable for subsequent reference.	情報が書面で記載されることを法が要求している場合には、電子的移転可能記録について、そこに含まれる情報が後の参照に利用できるようにアクセス可能であれば、その要求は充たされる。	・試案第 3 の 1 において、電子船荷証券記録の定義が定められているところ、この規定により、電子船荷証券記録の情報が後の参照に利用できるようにアクセス可能となることから、本案については、試案第 3 の 1 によって規定されているものといえる。
Article 9. Signature 第 9 条　署名	Where the law requires or permits a signature of a person, that requirement is met by an electronic transferable record if a reliable method is used to	法が人が署名することを要求し又は許容することができるとしている場合、その者を識別し、かつ、電子的移転可能記録に合	・試案では、電子船荷証券記録の発行及び電子裏書の要件として、「電子署名」を求めることとしている（試案第 3 の 3、第 5）。

4

	English	日本語訳	解説
	identify that person and to indicate that person's intention in respect of the information contained in the electronic transferable record.	まれる情報についてのその者の意思を示すために、信頼できる手法が用いられていれば、電子的移転可能記録によってその要求は充たされる。	・「電子署名」の要件について、試案では、電子署名及び認証業務に関する法律第2条に倣うこととしている。
Article 10. Transferable documents or instruments 第10条 移転可能な証書又は文書	1. Where the law requires a transferable document or instrument, that requirement is met by an electronic record if: (a) The electronic record contains the information that would be required to be contained in a transferable document or instrument; and (b) A reliable method is used: (i) To identify that electronic record as the electronic transferable record; (ii) To render that electronic record capable of being subject to control from its creation until it ceases to have any effect or validity; and (iii) To retain the integrity of that electronic transferable record. 2. The criterion for assessing integrity shall be whether information contained in the electronic transferable record, including any authorized change that arises from its creation until it ceases to have any effect or validity, has remained complete	1. 法が移転可能な証書又は文書を要求している場合、その要求は次に該当するときには電子的記録によって充たされているものとする。 (a) その電子的記録が、移転可能な証書又は文書において含まれることが求められている情報を含んでいるとき、かつ (b) 以下のために信頼できる手法が用いられているとき。 (i) その電子的記録が電子的移転可能記録であると識別すること (ii) その電子的記録が創出されたときから全ての効果又は有効性を有さなくなるまでの間、当該電子的記録を支配（control）することができるようにすること、及び (iii) その電子的記録の完全性（integrity）を保つこと 2. 完全性を評価する基準は、その電子的移転可能記録が創出されたときから全ての効果又は	・本条第1項(a)については、電子船荷証券記録の記録について、船荷証券の記載事項と同様の規定を設けることとしている（試案第2の2）。 ・本条第1項(b)及び第2項については、電子船荷証券記録の技術的要件（試案第3の1）として規定することとしている。

	and unaltered apart from any change which arises in the normal course of communication, storage and display	有効性を有さなくなるまでの間に生じた全ての認められた変更を含むその電子的移転可能記録に含まれる情報が、通信、保存及び表示の通常の過程において生ずる全ての変更を除いて、全てそろったままかつ不変のままであるかどうかによるものとする。	
Article 11. Control 第11条　支配	1. Where the law requires or permits the possession of a transferable document or instrument, that requirement is met with respect to an electronic transferable record if a reliable method is used: (a) To establish exclusive control of that electronic transferable record by a person; and (b) To identify that person as the person in control. 2. Where the law requires or permits transfer of possession of a transferable document or instrument, that requirement is met with respect to an electronic transferable record through the transfer of control over the electronic transferable record.	1. 法が移転可能な証書又は文書の占有を要求している場合又は占有することができるとしている場合、電子的移転可能記録については、以下のために信頼できる手法が用いられているときは、その要求は充たされているものとする。 (a) ある者によるその電子的移転可能記録への排他的な支配が確立されていること、かつ (b) その者が支配を有している者であると識別すること 2. 法が移転可能な証書又は文書の占有を移転することを要求している場合、電子的移転可能記録については、その電子的移転可能記録への支配の移転によってその要求は充たされているものとする。	・　本条第1項(a)については、「支配」という概念を創出することとしており（試案第2の3）、(b)については、電子船荷証券記録の技術的要件（試案第3の1）として規定することとしている。 ・　本条第2項については、試案では、電子船荷証券の支配が船荷証券の占有と同等に取り扱われるように規定している（試案第5及び第6参照）。

Article 12. **General reliability standard**	**第12条 一般的な信頼性の基準**
For the purposes of articles 9, 10, 11, 13, 16, 17 and 18, the method referred to shall be:	第9条、第10条、第11条、第13条、第16条、第17条及び第18条のために、その言及されている手法は：
(a) As reliable as appropriate for the fulfilment of the function for which the method is being used, in the light of all relevant circumstances, which may include:	(a) 以下を含む全ての関連する状況に照らして、その手法が用いられている目的である機能を果たすために適当な信頼性がなければならない。
(i) Any operational rules relevant to the assessment of reliability;	i. 信頼性の評価に関係するすべての業務規程
(ii) The assurance of data integrity;	ii. データの完全性の保障
(iii) The ability to prevent unauthorized access to and use of the system;	iii. システムへの無権限のアクセス及び利用を防ぐ能力
(iv) The security of hardware and software;	iv. ハードウェア及びソフトウェアのセキュリティ
(v) The regularity and extent of audit by an independent body;	v. 独立組織体による監査の定期性及び範囲
(vi) The existence of a declaration by a supervisory body, an accreditation body or a voluntary scheme regarding the reliability of the method;	vi. その手法の信頼性に関する監督機関、認定機関又は自主的スキームによる宣言の存在
(vii) Any applicable industry standard; or	vii. すべての適用される業界の標準
(b) Proven in fact to have fulfilled the function by itself or together with further evidence.	(b) 又は、その機能を果たしたことが、それ自身により、又は、さらなる証拠と合わせて事実上証明されたものでなければならない。
	・試案では、一般的な信頼性について、複数の考え方が示されているが、いずれの考え方を採用する場合でも、一般的な信頼性が求められることを前提としている（試案第3の2参照）。
Article 13. **Indication of time**	**第13条**
Where the law requires or permits the indication of time or place with respect to a transferable document	法が移転可能な証書又は文書に関して時間又は場所の表示を要求している場合又は表示
	・電子船荷証券記録の記録事項について、船荷証券の記載事項と同様の規定を設けるこ

and place in electronic transferable records 第13条　電子的移転可能記録における時間と場所の表示	or instrument, that requirement is met if a reliable method is used to indicate that time or place with respect to an electronic transferable record.	できるとしている場合、電子的移転可能記録に、その時間又は場所を表示するために信頼できる手法が用いられていればその要求は充たされているものとする。	ととしている。具体的には、船荷証券の記載事項である「船積港及び船積みの年月日」、「作成地及び作成の年月日」等について、電子船荷証券記録の記録事項に含まれることとしている（試案第２の２参照）。
Article 14. Place of business 第14条　営業の場所	1. A location is not a place of business merely because that is: (a) Where equipment and technology supporting an information system used by a party in connection with electronic transferable records are located; or (b) Where the information system may be accessed by other parties. 2. The sole fact that a party makes use of an electronic address or other element of an information system connected to a specific country does not create a presumption that its place of business is located in that country.	1. 以下の場所であるというだけでは、営業の場所とはならない。（a）電子的移転可能記録に関して用いられている情報システムを補助する装置及び技術が所在する場所、又は（b）相手方当事者がその情報システムにアクセスする場所 2. ある当事者がある特定の国に関連する電子アドレス又は他の情報システムの要素を利用しているという事実だけでは、その国に営業の場所があるという推定はなされない。	・「営業の場所」は、各法令の解釈、適用によって定まるものであり、試案の法改正が実現したとしても、本条と同様の帰結となることは明らかであることから、明文の規定は設けていない。
Article 15. Endorsement 第15条　裏書	Where the law requires or permits the endorsement in any form of a transferable document or instrument, that requirement is met with respect to an	法が移転可能な証書又は文書についてのいずれかなる形式であれ裏書を要求し又は許容している場合、電子的移転可能記	・裏書に相当する「電子裏書」についての規定を設け、裏書の記載事項と同様の記録事項を定めるとともに、「電子署名」を定めること

8

	electronic transferable record if the information required for the endorsement is included in the electronic transferable record and that information is compliant with the requirements set forth in articles 8 and 9.	録について、その裏書のために必要な情報がその電子的移転可能記録に含まれており、かつその情報が第8条及び第9条に示された要求を充たすものである場合は、裏書の要求は充たされているものとする。	としている（試案第5）。
Article 16. Amendment 第16条 訂正	Where the law requires or permits the amendment of a transferable document or instrument, that requirement is met with respect to an electronic transferable record if a reliable method is used for amendment of information in the electronic transferable record so that the amended information is identified as such.	法が移転可能な証書又は文書の訂正を要求している場合、又は訂正できるとしている場合、電子的移転可能記録については、訂正された情報が訂正されたものであると識別できるよう、その電子的移転可能記録における情報の訂正に、その電子的移転可能記録の訂正のために信頼できる手法が用いられていれば、その要求は充たされているものとする。	・ 船荷証券について、訂正についての規定はなく、電子船荷証券記録について、訂正の規定は設けていない。 ・ なお、試案では、電子船荷証券記録の技術的要件として、「通信、保存及び表示の通常の過程において生ずる変更を除き、電子船荷証券記録に記録された情報を保存することができるもの」であることが求められることから（試案第3の1）、本条と同様の帰結となる。
Article 17. Replacement of a transferable document or instrument with an electronic transferable record 第17条	1. An electronic transferable record may replace a transferable document or instrument if a reliable method for the change of medium is used. 2. For the change of medium to take effect, a statement indicating a change of medium shall be inserted in the electronic transferable record. 3. Upon issuance of the electronic transferable record in accordance with paragraphs 1 and 2, the	1. 媒体の変更のために信頼できる手法が用いられていれば、移転可能な証書又は文書を電子的移転可能記録によって置き換えることができる。 2. 媒体の変更が効力を生ずるためには、媒体の変更を示す文言が電子的移転可能記録の中に挿入されなければならない。 3. 第1項及び第2項に従って電子的移転可能記録	・ 船荷証券から電子船荷証券記録への転換についての規定を設けることとしている（試案第4の1）。 ・ 本条第3項については、試案では、転換前の媒体が無効となることは明らかであることから、明文の規定は設けていない。 ・ 本条第4項については、試案では、転換後

第17条 移転可能な証書又は文書の電子的移転可能記録への置き換え	transferable document or instrument shall be made inoperative and ceases to have any effect or validity. 4. A change of medium in accordance with paragraphs 1 and 2 shall not affect the rights and obligations of the parties.	記録が発行されたとき、その移転可能な証書又は文書は効力を失い、かつ、いかなる効果又は有効性も有さなくなる。 4. 第1項及び第2項に従った媒体の変更は当事者の権利及び義務に影響を与えない。	の媒体に転換前と同一の事項が記載又は記録されることによって定められている。
Article 18. 電子的移転可能な証書の移転可能な証書又は文書への置き換え Replacement of an electronic transferable record with a transferable document or instrument	1. A transferable document or instrument may replace an electronic transferable record if a reliable method for the change of medium is used. 2. For the change of medium to take effect, a statement indicating a change of medium shall be inserted in the transferable document or instrument. 3. Upon issuance of the transferable document or instrument in accordance with paragraphs 1 and 2, the electronic transferable record shall be made inoperative and ceases to have any effect or validity. 4. A change of medium in accordance with paragraphs 1 and 2 shall not affect the rights and obligations of the parties.	1. 媒体の変更のために信頼できる手法が用いられていれば、電子的移転可能記録を移転可能な証書又は文書によって置き換えることができる。 2. 媒体の変更が効力を生ずるために、媒体の変更を示す文言が移転可能な証書又は文書の中に挿入されなければならない。 3. 第1項及び第2項に従って移転可能な証書又は文書が発行されたとき、その電子的移転可能記録は効力を失い、かつ、いかなる効果又は有効性も有さなくなる。 4. 第1項及び第2項に従った媒体の変更は当事者の権利及び義務に影響を与えない。	・ 電子船荷証券記録から船荷証券への転換についての規定を設けることとしている（試案第4の2）。 ・ 本条第3項については、試案では、転換前の媒体が無効となることが明らかであることと整理していることから、明文の規定は設けていない。 ・ 本条第4項については、試案では、転換後の媒体に転換前と同一の事項が記載又は記録されることによって定められている。
Article 19. Non-discrimination of foreign electronic transferable records 電子的移転可能記録	1. An electronic transferable record shall not be denied legal effect, validity or enforceability on the sole ground that it was issued or used abroad. 2. Nothing in this Law affects the application to electronic transferable records of rules of private	1. 電子的移転可能記録は、それが外国で発行され又は利用されたという理由のみによって法的効果、有効性又は強制可能性を否定されてはならない。 2. この法のいかなるものも、移転可能な証書又	・ 本条第1項について、試案では、電子船荷証券記録が外国で発行されることもあることを前提としており、そのことによって法的効果等が否定されることがないことは明らかであることから、明文の規定は設

10

第19条　外国の電子的移転可能記録に対する非差別	international law governing a transferable document or instrument. は文書を規律する国際私法のルールの電子的移転可能記録への適用について影響を与えない。	けていない。 ・　本条第2項について、法の適用に関する通則法上、船荷証券について直接定めた規定はなく、解釈に委ねられているところ、試案においても、電子船荷証券記録についての国際私法のルールを直接定める規定は設けられておらず、船荷証券と同様に解釈に委ねられることとなる。

以上

イギリス法における電子船荷証券に係る論点とLaw Commissionの立場

日本大学法学部　南　健悟

１．はじめに―分析の方法

　現在、イギリス（イングランド及びウェールズ）[1]においても電子船荷証券を含む電子取引文書に係る立法が進められている。2021年4月30日に、Law Commission が「デジタル資産―電子取引文書」というコンサルテーション・ペーパーを公表し、その後、公表された当該ペーパーに対する議論が進められ、翌2022年3月15日に、「電子取引文書―報告書及び草案」（以下、報告書という。）が公表された。イギリスにおいては、今後、報告書をベースに立法に向けての手続きが行われるものと推測される。報告書によれば、①業界が現在行われている取引実務をそのまま実行できるようにしつつ、電子取引文書の利用という選択肢を増やすこと、②電子的形態の取引文書を「占有」することを認めること、③技術的中立性を確保すること、そして、④国際的な互換性の確保すること（MLETRの目的及び政策に沿いつつも、イギリス法に合わせた形）を目指したという[2]。

　本報告は、Law Commission が公表した報告書と以前、「商事法の電子化に関する研究会報告書―船荷証券の電子化について」で紹介された従来のイギリス法での議論[3]を比較検討して、イギリス法において、どのような点が解釈上の問題があり、それに対して、Law Commission による提案が従来の電子船荷証券に関する議論とどのような関係になっているのかなどを紹介するものである。

　そこで、本報告では、Law Commission により提案された条文草案を素材に、従来、イギリス法の文脈において議論されてきた電子船荷証券に関する法的論点について紹介することとする。特に、（1）電子船荷証券の意義や機能要件、（2）電子船荷証券の譲渡の可否、（3）電子船荷証券の譲渡と法的効果、（4）電子船荷証券と紙の船荷証券の転換、そして、（5）その他の各論を中心に紹介するものである。

２．電子船荷証券の意義・要件
２－１．電子船荷証券の意義・要件に関する従来の議論

　電子船荷証券とは、従来、紙の船荷証券に記載されているものと同じ内容についてのデジタル情報を含むものであり、誰が発行者（運送人）に対して契約上の権利を行

---

[1] イギリス法という場合、イングランド及びウェールズに適用される法とする。

[2] Law Commission, Electronic Trade Documents: Summary, pp.4-6.

[3] 南健悟「別添9　イギリス法における電子船荷証券に関する法的問題」別冊NBL179号（2022年）114頁以下。

使し、運送品に対する占有権を行使し、それらの権利を移転することを確認し得る電子システムであると説明されてきた[4]。より抽象的には、電子船荷証券は、紙の船荷証券と同等の機能を有し、電子的な方法によりなされる船荷証券であるとされてきた[5]。そうすると問題は、どのような要件を満たすのであれば、紙の船荷証券と同等の機能を有する電子船荷証券と言えるのかが問題となる。というのも、イギリス法においては、現行法上、電子船荷証券に関する規定を有していないため、具体的な要件等を欠いている状況だからである。なお、この点については、実務上、Bolero 等規約型の電子船荷証券に関するルール・ブックに依拠したものが電子船荷証券として利用されており、Bolero 等に関する契約関係にある当事者間でのみ流通し得るものとなっている。

２－２．草案の内容
（1）「電子取引文書」の意義

　そうすると、電子船荷証券に関する規定を立法化するに当たり、何が電子船荷証券に当たる電子システムであるのか、ということを明確にする必要がある。つまり、紙の船荷証券と同等の機能を有する電子船荷証券とはどのような要件を満たす必要があるのかを立法しなければならない。そこで、Law Commission による草案は以下に述べるように、まずは、電子船荷証券を含む電子取引文書の意義及び要件について定めを置いた。

---

[4] Richard Aikens et al., BILLS OF LADING 48 (Informa law, 3rd ed., 2021）.

[5] Miriam Goldby, ELECTRONIC DOCUMENTS IN MARITIME TRADE: LAW AND PRACTICE 142 (Oxford University Press, 2nd. ed., 2019）.

第1条（「紙の取引文書」の意義と「適格電子文書」の意義）

（1）本法において「紙の取引文書」とは、以下に掲げる要件を備えるものとする。

　（a）紙による形態

　（b）当該文書の占有が、法律又は商慣習の問題として、他の者に対し義務の履行を請求するために用いられることが要求されるもの

（2）前項の規定に含まれる限り、以下に掲げる文書は紙の取引文書とする。

　（a）（b）　（略）

　（c）船荷証券

　（d）～（h）　（略）

（3）電子方式による情報が、紙の方式による文書に含まれていれば、紙の取引文書となるような情報である場合、その情報は、その情報と論理的に関連する他の電子方式による情報とともに、本法における「適格電子文書（qualifying electronic document）」となる。

第2条（「電子取引文書」の意義）

（1）本法において、以下に掲げる信頼し得るシステムが用いられているのであれば、適格電子文書は「電子取引文書」となる。

　このように見ると、Law Commission による草案は、電子船荷証券を含む電子取引文書とは何かについて明確な定義規定を置いている。すなわち、紙の取引文書と同様の情報が電子方式による情報に含まれる場合、当該電子方式による情報を含めて、適格電子文書と位置付ける。そして、2条（1）に定められている要件（システム要件）が用いられている適格電子文書を「電子取引文書」であるとして、当該法律上の電子取引文書（電子船荷証券）として、各規定の適用を認めることとしている。換言すれば、電子システムを利用している文書であれば当然に本法が定める電子取引文書に当たるのではなく、一定の要件を満たした電子取引文書のみが法の適用対象となることを示している。

（2）電子船荷証券に係る機能要件

　（1）で述べたように、草案において電子船荷証券として位置づけられる適格電子取引文書として認められる要件とは何か。それは、草案2条（1）各号において定められている信頼し得るシステムによって運用されるものとされている。

第 2 条

(1) 本法において、以下に掲げる信頼し得るシステムが用いられているのであれば、適格電子文書は「電子取引文書」となる。

(a) 当該文書が特定され、いかなるコピーとも区別することができ、

(b) 無権限による改変から当該文書を保護し、

(c) いかなる場合であっても、複数の者が当該文書の支配を行使し得ないことを確保し、

(d) 当該文書の支配を行使し得る者が支配を実行することができるということを証明できるようにし、かつ

(e) 当該文書の譲渡が、譲渡直前まで当該文書の支配を行使し得る者から当該権能を剥奪することを確保するものであること。ただし、譲受人により、当該者が支配を行使し得る範囲内に限るものとする。

　本草案規定によれば、電子取引文書と位置付けられるための要件として、①対象となる電子文書が特定され、コピーが作成されないこと、②ハッキング等による無権限による改ざん等が行われることから保護されているものであること、③当該電子文書が複数の者によって支配されないこと、④支配者が当該電子文書に係る権限を証明可能であること、そして、⑤当該電子文書が譲渡された場合に、譲受人の当該電子文書に対する支配する権能を剥奪できるものになっていることが挙げられる。

　さらに、本草案では、上記の点が信頼に足るためには、以下の事項が含まれていなければならないとする。

第 2 条

(4) 第 1 項の規定の目的のため、あるシステムが信頼に足るものであるかどうかを決定する場合には、以下に掲げる事項が定められているものとする。

(a) その運用に適用されるシステムの規則

(b) 当該システムが有する情報の完全性を確保するための方法

(c) 当該システムへの無権限の利用または接続を防止するための方法

(d) 当該システムにより用いられるハードウェア及びソフトウェアの安全性

(e) 独立機関による当該システムに対する監査の範囲及び定期性

(f) 監督又は規制機能を有する組織によってなされる当該システムの信頼性に対する評価

(g) 当該システムに関連して適用される任意の枠組み又は業界基準に関する規定

　従来、イギリス法では、主として電子船荷証券の実体法的な側面、すなわち、電子船荷証券の発行や譲渡に伴う法的効果について、現行法（コモン・ロー、1971 年法、1992 年

法）との関係等を議論していたが、ここでは、そもそも電子船荷証券として認められる電子取引文書とは何かを明確にしていることがわかる。

　まず、前提として、草案 2 条（1）柱書において、あるシステムが信頼に立つものであるのか否かを個別の事項を挙げているが、これらの要件は、基本的に、MLETR の要件と平仄を合わせているものと考えられる。すなわち、MLETR 第 10 条の（移転可能な証書または文書）の 1(b)において、「その電子的記録が電子的移転可能記録であると識別すること」、「その電子的記録が創出されたときから全ての効果または有効性を有さなくなるまでの間、当該電子的記録を支配することができるようにすること」及び「その電子的記録の完全性を保つこと」という要件と平仄が合うものである。もっとも、草案では、「当該システムが有する情報の完全性を確保するための方法」の具体的内容については定めを置いておらず、その点は、MLETR と異なる。すなわち、MLETR 第 10 条 2 項は「完全性を評価する基準は、その電子的移転可能記録が創出されたときから全ての効果または有効性を有さなくなるまでの間に生じた全ての認められた変更を含むその電子的移転可能記録に含まれる情報が、通信、保存および表示の通常の過程において生ずる全ての変更を除いて、全てそろったままかつ普遍のままであるかどうかによるものとする。」と定めていることと対照的である。これは、どのようなシステムが完全性を有するものであるかについては、業界に委ねるのが最善であるという意見が出され、具体的な要件を明示してしまうと、不要な複雑さを生じさせかねないことが危惧されたからと説明されている[6]。

　次に、草案 2 条（1）に定められている排他的支配という要件についても、MLETR 第 11 条の（支配）に関する規定である「ある者によるその電子的移転可能記録への排他的な支配が確立されていること」と「そのものが支配を有している者と識別すること」とも合致する。もっとも、この排他的支配については、コンサルテーション・ペーパーの見解として、電子船荷証券の基準としての支配の要件は、あくまで事実に係るものであり、占有から区別された法的権利の意味で用いるものではないと説明されている。したがって、ここにいう「支配」とは、当該文書を利用等することができる能力として定義づけられている[7]。あくまで、これは同時に複数の当事者が独立して利用ないしは支配をし得ないという意味として捉えられている[8]。

　また、MLETR 第 12 条が定める信頼性の基準として挙げられる「信頼性の評価に関係するすべての業務規程」、「データの完全性の保障」、「システムへの無権限のアクセスおよび利用を防ぐ能力」、「ハードウェア及びソフトウェアのセキュリティ」、「独立組織体による監査の定期性および範囲」、「その手法の信頼性に関する監督機関、認定機関または自主的スキームによる宣言の存在」及び「すべての適用されうる業界の標準」とほぼ同様の規定

---

[6] Law Commission, Electronic Trade Documents: Report and Bill, p.111.

[7] Id. p.113.

[8] Id. p.119.

が 2 条ということになる。

　なお、MLETR においては、上記「排他的」という用語との関係で、複数人が共同で証券を占有することを排除するものではないとの指摘がなされているが[9]、本草案においても、2 条（2）（b）において、「共同で行使する者は一人の者として扱われるものとする。」という規定を置くことにより、電子取引文書の共同支配を認めている。

3．電子船荷証券の「譲渡」の可否
3－1．従来の議論—無体物に対する「占有」の否定

　「譲渡」とは、通常、ある物の占有を譲渡人から、譲受人に対して移転させることを意味する。そのため、船荷証券の譲渡とは、当該船荷証券の占有を譲渡人から譲受人に移転させるということを意味する。紙の船荷証券の場合には、紙という「有体物」の占有が、譲渡人から譲受人に移転し、結果として、譲渡人の当該船荷証券に対する占有が失われることから、この点においては、ほとんど問題にはならない。ところが、イギリス法においては、有体物ではない電子データ等については従来「占有」することはできないとされていたことから、電子船荷証券のような電子データによる船荷証券を占有することは法的概念として考えることはできず、さらに占有の移転という意味で用いられる譲渡も法的概念として問題が生じ得る。

　イギリス法において「占有」とは、大別して 2 つの要素から構成されると指摘されている。すなわち、①事実上の物理的支配と、②占有の意思である[10]。より具体的には、物に対する事実上の支配の行使と、それに付随する支配の行使から他人を排除しようとする意思であるとされる[11]。しかしながら、占有は「有体物」に対して成立し得るものであり、「無体物」について占有が認められるかが問題とされてきた。占有は物理的支配を要求しており、無体物に対して物理的な支配を行使し得ないということにも相当性があると考えられてきた[12]。実際、Law Commission による当初のコンサルテーション・ペーパーにおいても、無体物に対する占有が認められるかについては、解釈により乗り越えられるとも考えている節があったものの[13]、無体物に対して占有は認められないということは、もはや確立した判例法理ともいうべき状況であった[14]。

---

[9]　小出篤「別添 5　UNCITRAL 電子的移転可能記録モデル法」別冊 NBL179 号（2022年）143 頁。なお、本レポートにおける MLETR の条文は同資料を参照したものである。

[10]　Alison Clarke, PRINCIPLES OF PROPERTY LAW 471 (Cambridge University Press, 2020).

[11]　Michael Bridge, PERSONAL PROPERTY LAW 33 (Oxford University Press, 4th ed., 2015).

[12]　OBG v. Allan [2007] UKHL 21.

[13]　前掲註 3・南 123 頁参照。

[14]　Clarke, supra note 10, p.475.

3－2．占有に関する草案の内容―電子取引文書のみ「占有」を許容する規定

　そこで、Law Commission は、解釈により、電子船荷証券を含む電子取引文書という無体物について占有を認められるかが不明確であることに鑑みて、以下のような草案を提案している。

> 第3条（電子取引文書の占有、裏書及び効果）
> （1）人は電子取引文書を占有し、裏書し及び占有を喪失し得る。

　ここでは、無体物である電子船荷証券を含む電子取引文書を占有し得ることを明示することを提案する[15]。しかし、Law Commission による報告書では[16]、何をもって電子取引文書（電子船荷証券）を占有するというのかということについては条文化しないとする。もともと、占有とは、コモン・ロー上の概念であり、また、占有が認められるか否かは事案に応じて判断が行われるため、それを条文化することは困難である旨が示唆されている。ただ、報告書では、占有概念との関係については、色々な意見が出されていたことを示唆する。

　前述したように、一般的に、イギリス法において、コモン・ロー上の占有の要素として、①事実上の支配と②意思があると説明されてきた。そのため、電子取引文書との関係では、特に②の意思との関係をどうするのか、ということが論点となっていた。報告書の立場としては、電子取引文書と紙の取引文書は同じ法的機能を有するものであり、人と電子取引文書との関係は、人と紙の取引文書との関係のアナロジーとして捉えている[17]。したがって、本草案では、電子取引文書について、当該文書を支配している者が、当該文書に対する占有者となるとしつつ、他方で、あくまで本法の目的を達する範囲で定めたに過ぎず、占有概念の拡張等までを意図しているものではないと考えられる。

　しかし、そうであっても、報告書では、電子取引文書に対する占有を認めるにあたって、いくつかの問題があると指摘している。すなわち、第一に、前述した要素の①である事実上の支配と占有の意思との関係、第二に、電子取引文書に対して擬制占有の成立を認めるかどうかという点である。もっとも、後者については、報告書では電子取引文書に対する擬制占有については認めないと考えているため、主として、前者の占有の意思との関係が重要となっている。

　電子取引文書に対する占有を認めるうえで、占有の意思は不要かということが問題となる。というのも、本草案では、占有を認める旨が規定されているものの、占有の意思まで

---

[15] Law Commission, supra note 6, p.136.

[16] Id. pp.136 et seq.

[17] Law Commission, supra note 6, p.136.

を要件としているかは明確ではないからである。電子取引文書に対する占有を認めるにせ
よ、支配の要素だけでは足りず、意思の要素も必要であることを報告書は明らかにしてい
る[18]。確かに、条文上は、電子取引文書を支配している者が当該電子取引文書を占有して
いる者と位置付け、占有の意思（支配の要件以外の要件）については要件として要求され
ていない。しかし、報告書では、例えば、1889 年問屋法 1 条（2）を例にとって説明する
[19]。

1889 年問屋法 1 条
（2）物又は文書が、ある者に現実に管理され、または、ある者に従属している者、も
　しくはその者の代わりに他の者が所持している場合、その者は、その物又はその物に
　対する権原証券を占有している者とみなされる。

　上記のように、1889 年問屋法 1 条（2）では、占有しているとみなされる者について、
当該者の占有の意思というものが要件として明示されていない。あくまで、同法は、ある
者又は代理人により占有される者に関する法を明確にしているにすぎず[20]、占有の意思は
不要であるとの前提を有しているとは言えない。報告書では、問屋法における条文とも関
連して、あくまでそれを新たな資産（電子資産）に対して拡張したものであるとの立場を
表明している[21]。したがって、報告書では、電子取引文書に対する占有について、「意思」
を要素から外し、支配だけしていれば電子取引文書を占有し得るとしたものではないと結
論付けている。その意味で、占有の要素に必要な「意思」の要素を排除したものではない
とする。

　もっとも、どのような場合に、誰が占有しているとみなすのか、個別的な要件について
は、その困難性から明文の規定を置くことはしていない。この点については、あくまで裁
判所の役割であるとする。裁判所の役割として、現在のコモン・ローを電子取引文書の占
有についてどのように適用すべきかを決めることであると述べている[22]。したがって、ど
のような場合に、誰が電子取引文書を占有していると見るかは、あくまで解釈に委ねられ
たともいえよう。ただ、事実の問題として、占有が認められる場合として、どのように電
子取引文書を所持しているのか、電子取引文書を使用するか否かを決定する者を定めるこ
とはできるとし、実務上も、プライベート・キーの所持やパスワードによる方法で誰が電

---

[18]　Id. p.140.

[19]　Ibid.

[20]　Ibid.

[21]　Ibid.

[22]　Id. p.146.

子取引文書を支配し占有していると考えることはできると示唆する[23]。

　以上を簡単にまとめると、従来、占有については「支配」の要素が含められていたが、報告書によれば、プライベート・キーその他証明書を有することで電子文書に対する支配を行使し得ることを指摘する。他方で、占有の「意思」に係る要素については特段明文の規定が置かれないこととの関係で、電子取引文書に対する「占有」につき占有の意思を不要とする意図ではなく、引き続き電子取引文書についても必要であるとすることを前提としている[24]。少なくとも、Law Commission による草案は電子データ等の無体物全部について占有概念を拡張する意図はなく、あくまで電子取引文書との関係に限定して、法律上、占有を認めるという方向であると考えられる。

3－3．電子船荷証券の「譲渡」の許容

　そもそも、譲渡とは、譲渡人からその物の占有を剥奪し、譲受人が新たにその占有を開始するということを意味する。そうすると、譲受人は排他的に当該物に対して占有することが前提となり、逆に、譲渡人はその占有を失わなければならない。この点、本草案では、前記2（2）で指摘した、草案2条（1）（e）で「当該文書の譲渡が、譲渡直前まで当該文書の支配を行使し得る者から当該権能を剥奪することを確保するものであること」が機能要件として求められていることが重要である。つまり、電子船荷証券の譲渡人が、当該電子船荷証券を譲渡（移転）すると、当該電子船荷証券に対する支配行使権能が剥奪され、他方で、当該電子船荷証券の譲受人が前者（譲渡人）の当該権能の範囲内において、新たな権能を有することを示している。それでは、電子船荷証券が譲渡された場合、その譲渡によってもたらされる効力はどうなるのかが問題となる。この点については、下記4以下で紹介する。

4．電子船荷証券の譲渡と法的効果
4－1．紙の船荷証券の譲渡の効力

　まず、紙の船荷証券の譲渡によって、船荷証券上の契約上の権利義務の移転は、1992年法に基づいて生じるとされてきた[25]。また、船荷証券は権原証券の一つであることから、

---

[23] Id. p.148.

[24] 当初の報告書では、電子取引文書の占有については、「電子取引文書の占有は、譲受人が電子取引文書の支配を獲得した時点で、ある者から譲受人に移転する。」との草案が出されていたが、これに対して、占有の「意思」は不要になったのかとの疑義が生じたことから、単に、「占有…し得る」と定めることにより、占有概念に対する従来のコモン・ロー上の解釈を変更することを意図したものではないとする。

[25] イギリス法においては、直接契約関係の理論（契約は契約外の第三者に契約上の権利を

船荷証券の譲渡によって擬制占有の移転が認められる。すなわち、船荷証券は証券所持人に対して運送品に対する支配を認め、その譲渡により、譲渡人にはもはや運送品に対する支配を実行する意思はないことなどが推定され、他方で、証券の譲受人がその運送品に対する支配を排他的に実行する意思を有することが推定されると考えられてきた[26]。このように擬制占有の移転の効果として、証券所持人は、negligence（過失不法行為）やconversion（横領）を根拠に運送人に対して不法行為責任を追及することができるとされる[27]。そして、このような擬制占有の移転の効果は、コモン・ローに基づいて認められる効果であると指摘されている[28]。

４－２．電子船荷証券の譲渡の効力―従来の議論

　４－１．で述べたように、紙の船荷証券の譲渡について、①契約上の権利の移転と、②擬制占有の移転という効果がもたらされるとされているが、電子船荷証券の場合には、同様に考えることができるのか、ということが従来議論されてきた[29]。

　この問題の前提として、各効力がどの法に基づいて生じているのかが重要となる。というのも、電子船荷証券が各法における「船荷証券」ないしは「権原証券」に当たるかが議論の対象となってきたからである。

　まず、電子船荷証券の譲渡により契約上の権利の移転が生じるか、ということについては、そもそも電子船荷証券がその効力の根拠となる 1992 年法における「船荷証券」には、電子船荷証券は含まれないと解されていた。そのため、電子船荷証券が譲渡されたとしても、証券の譲渡人から譲受人への契約上の権利の移転に関する根拠がなく、紙の船荷証券と同様の効果を生じさせることは難しいと指摘されていた。そのため、従前、この点について、Bolero は、ルール・ブックにおいて、電子船荷証券の譲渡人（荷送人）と運送

付与することはできず、あくまで契約当事者間でのみ効力が及ぶとする理論）に基づき、荷送人と運送人との間の運送契約について荷受人に対して、運送品に関する訴訟提起権等を付与することはできないとされていたが、1885 年船荷証券法の制定により、船荷証券の譲渡により、船荷証券所持人が運送人に対して荷送人の運送人に対する権利を取得することを認めることに至り、さらに、同法の後継法である 1992 年法 2 条及び 3 条がその旨を定めるに至った（Charles Debattista, Cargo Claims and Bills of Lading in MARITIME LAW 201 (informa law, 5th ed., 2021), Judah Phillip Benjamin, BENJAMIN'S SALE OF GOODS 1514 (Oxford University Press, David Joseph Attard ed., 2016)、前掲註 3・南 116 頁～117 頁。

[26] Aikens, supra note 4, p.165.

[27] 増田史子「船荷証券所持の法的意義」立命館法学 2015 年 5・6 号 789 頁。

[28] T.E.Scrutton, SCRUTTON ON CHARTERPARTIES AND BILLS OF LADING 237 (Sweet&Maxwell, David Foxton ed., 2002).

[29] この点については、前掲註 3・南 116 頁以下参照。

人との間の旧契約を終了させ、同じ条件の新契約を運送人と新たな証券所持人（譲受人）との間で成立させるという方式を採用している（更改による方式）。他方で、電子船荷証券の譲渡による擬制占有の移転の効果については、コモン・ローに基づくものであり、電子船荷証券はコモン・ロー上の船荷証券に該当しないと解されていることから、電子船荷証券を譲渡しても擬制占有の移転の効果を生じさせることはできないとされてきた。実務上、従前、Bolero では、受寄者である運送人の承認（attornment）を介在させてきた。しかしながら、後述するように、Law Commission による草案は、譲渡の効力等に関する規定を置くことで、それらとは異なるアプローチを採用することにした。そこで、Law Commission による草案は以下のような規定を設けることを提案している。

第 3 条

（2）電子取引文書は紙の取引文書と同様の効果を有する。

（3）電子取引文書と同等の紙の取引文書に関連して行われるものと対応して、電子取引文書に関連して行われるものは、紙の取引文書に関連して生じる効果と同様の効果を有する。

草案では、電子船荷証券について占有を認めることにより、法律事項として、当該文書に関連する債務の履行を請求し得る権限を有する者を決定することができるようになったとし、それと同様に、もし、紙の取引文書に記録された債務履行請求権が移転された場合、それと同様の効果を電子取引文書の占有の移転によってなし得るようにしたものであると説明されている[30]。そして、このことから、従来、Bolero 等規約型の電子船荷証券においてなされていた、更改（novation）によって、契約上の権利の移転につき、そのような構成を不要とし、また、同様に、擬制占有の移転について運送人の承認（attornment）によるものとする構成をも不要とした[31]。すなわち、従来、更改や運送人の承認という構成によって認められてきた権利の移転や擬制占有の移転という効果を立法により解決を試みたということになる。結果として、草案において定められている基準を満たす電子取引文書の利用者が法的な回避方法（従来の「更改」構成や「承認」構成）を用いずに、紙の証券と同様の法的効果をもたらすことを認識し、安心して利用することができるようにしたものであると説明する[32]。

本草案では、電子取引文書について紙の取引文書と同じ効力を有するとしていることから、それに含まれる電子船荷証券は、紙の船荷証券と同様の効果を有していることが明らかにされている。そして、前述したように、電子船荷証券を含む電子取引文書が譲渡され

---

[30] Law Commission, supra note 6, p.165.

[31] Ibid.

[32] Id. p.166.

る場合、譲渡によって生じる効果についても、紙の電子取引文書の場合と同様の効力を認める規定を設けている。本条の目的は、占有概念を電子取引文書にも適用し得ることを確認した上で、紙の取引文書についてなされる行為に対応した行為について、電子取引文書においてもまた同様の効果を認めるというものである[33]。

　しかし、ここで注意すべき点は、電子船荷証券を法的に「船荷証券」であるとか、「権原証券」であるということを明示するのではなく、あくまで、電子船荷証券を「紙の船荷証券」と同様の効果があるということを規定したに過ぎないということである。つまり、電子船荷証券を他の法令における船荷証券や権原証券であると位置づけるのではなく、効果が同じであるということを示した点である。したがって、他の法令（例えば、1889 年問屋法や 1979 年動産売買法）で規定されている「権原証券」に電子取引文書（電子船荷証券）が当然に含まれるということをも意図したものではないと考えられる。

5．電子船荷証券と紙の船荷証券の転換

　本草案では、日本においても論点として提示されている、電子船荷証券と紙の船荷証券の転換について、以下のような規定を設けることを提案している。

第 4 条（転換）

（1）以下に掲げる場合に限り、紙の取引文書は電子取引文書に転換でき、かつ、電子取引文書も紙の取引文書に転換し得る。

　（a）当該文書が転換された旨がその新しい方式〔電子または紙〕の文書に記載され、かつ

　（b）当該文書の転換に関連する契約又は他の要件が満たされていること

（2）第 1 項の規定にしたがい文書が転換される場合、

　（a）古い様式による文書は効力を失い、かつ

　（b）当該文書に関連する全ての権利及び義務が新しい方式の文書に関連して効力を有し続ける

　「商事法の電子化に関する研究会報告書」においても、電磁的船荷証券記録と船荷証券の転換に関する議論がなされている。イギリス法における電子船荷証券と紙の船荷証券の転換について、まず要件として、①新しい方式に転換された旨を記載することと、②転換に関する契約等の要件が満たされていることという点が挙げられる。そして、効果として、①古い様式による文書の効力が失われ、また②古い様式に表章されていた権利義務につき新しい様式の文書にその効力が移転することが定められている。

---

[33] Ibid.

　この紙の船荷証券と電子船荷証券との転換については、イギリス以外の国において電子取引文書が取引文書として認められるか不明であるため、そのようなニーズに応じて認めたものであると説明されている[34]。そして、この規定は、MLETR 第 17 条及び第 18 条を参考にしたものであるとされる。もっとも、本草案を策定する際に、本条項は、電子取引文書の支配者ないしは紙の船荷証券の所持人に対して、転換請求権を認めるための規定なのか、それともその性質上、原理的に、転換できることを明示したに過ぎないのかなどの意見が出されていた。ただ、Law Commission においてはその点については明確にしておらず、方式の転換を有効に行うための要件を明確にすることが目的であると述べている。

6．その他の論点
6－1．数通発行の電子船荷証券

　従来からも紙の船荷証券について数通発行につき疑問が呈されている。そこで、電子船荷証券についてもまた数通発行を求めるものであるのか否かが問題となる。しかし、草案には、電子船荷証券につき数通発行すべきか否かに関する規定を設けられていない。この点、Law Commission による説明によれば、電子船荷証券について、もし実務が数通発行を求めるのであれば、それ自体を禁止するものではないとする。確かに、大多数の意見としては電子取引文書について数通発行する必要性はないと指摘されていた。Law Commission も紙の証券と異なり、証券の紛失リスクを軽減するために電子取引文書を数通発行することに対する正当性はないが、ただし、Law Commission としてはあくまでマーケットでの実務の問題に委ねるという立場を示している[35]。

6－2．電子取引文書の文書該当性・署名・裏書

　第一に、従来、電子メッセージによってなされる電子船荷証券に対しては、それ自体「文書」と言えるのかが問題とされてきた。そして、文書とは情報が「書かれている（written）」ものと考えられてきたが、電子メッセージは「書かれている」ないしは「記述している（writing）」という意味合いから、電子取引文書は「文書（document）」と言えるかという問題もある[36]。この点について、確かに、MLETR では「記述している（in writing）」に関する要件を定めているが、他方で、イギリス法においては、国内法においては既に電子によるディスプレイされているものもまた「記述している（writing）」に含まれると解されてきており、特段明文の規定を設ける必要はないと説明している。

　第二に、電子船荷証券に対して署名することができるかということも問題となってい

---

[34] 以下の記述は、Law Commission, supra note 6, pp.198 et seq.による。

[35] Id. p.198.

[36] 前掲註 3・南 120 頁。

た。もっとも、この点についても、2000年には、電子コミュニケーション法が成立しており、証拠として電子署名を認めるに至っているし、電子船荷証券に対する署名が法的な意味での署名になるという点で一致していたことから[37]、ペーパーにおいても、イングランド及びウェールズ法においては、既に柔軟な電子署名が認められるとして、特段の規定を設けることをしなかった[38]。

　第三に、裏書という行為との関係である。紙の船荷証券の場合、裏書はその名の通り、証券の裏面に署名することにより行われる。しかしながら、電子船荷証券の場合、裏面という概念がないため、文字通りの裏書をなすことができない。そのため、電子船荷証券の裏書譲渡ということができないのではないか、という疑問が生じる。そこで、Law Commission では、文字通りの「裏書」はできないことから、たとえ、電子文書の裏面に裏書することができなかったとしても、裏書することができるものとして電子船荷証券を扱うことを明示する規定を設けることとした。

第3条（電子取引文書の占有、裏書及び効果）

（1）人は電子取引文書を占有し、裏書し及び占有を喪失し得る。

（2）（略）

（3）電子取引文書と同等の紙の取引文書に関連して行われるものと対応して、電子取引文書に関連して行われるものは、紙の取引文書に関連して生じる効果と同様の効果を有する。

　既に紹介した草案規定であるが、本条は、1項で電子取引文書の「裏書」を許容し、3項で、電子取引文書と同等の紙の取引文書に関連して行われるもの、すなわち、ここでは「裏書」について、それと同等の行為が行われれば、紙の取引文書に対して行われる裏書と同様の効果を認めるものである。

［注記］

　本稿は、令和4年6月15日開催法制審議会商法（船荷証券等関係）部会第2回会議に参考資料として提出した後、字句の修正等を行ったものである。なお、草案3条4項に、電子取引文書が動産担保に関するスコットランドの法律における動産として扱う旨の規定が設けられたとの情報に接した。また、John Russell, *Blockchain and electronic bills of lading* in Disruptive Technologies, Climate Change and Shipping 8 (informa law, Edited by Barış Soyer and Andrew Tettenborn, 2022)にも接した。

---

[37]　前掲註3・南120頁。

[38]　Law Commission, supra note 6, pp.190-191.

別冊 NBL No.184
船荷証券に関する規定等の
見直しに関する中間試案

2023年5月8日　初版第1刷発行

編　者　商　事　法　務

発行者　石　川　雅　規

発行所　株式会社 商　事　法　務
〒103-0027 東京都中央区日本橋 3-6-2
TEL 03-6262-6756・FAX 03-6262-6804〔営業〕
TEL 03-6262-6768〔編集〕
https://www.shojihomu.co.jp/